湊 宣明
NOBUAKI MINATO

［実践］
システム・
シンキング

論理思考を超える
問題解決のスキル

PRACTICE OF
SYSTEM THINKING

講談社

ご注意

・本書に記載されている情報は2016年2月時点のものです。
・本書に記載されているウェブサイトなどは、
　予告なく変更されることがあります。
・本書に記載されている会社名、製品名、サービス名などは、
　一般に各社の商標または登録商標です。
　なお、本書では、TM、®、©マークを省略しています。

はじめに

　ある経営者の話をしよう。その人は、事業買収を次々と成功させていた。買収対象となる企業を選定する際の彼の考え方に、私はたいへん興味を抱いた。一般的に、買収される側の企業というのは、経営があまりうまくいっていない組織であることが多い。事業が赤字体質であったり、多額の負債を抱えていたり、従業員の士気が極端に低下していたりと、自ら立て直すことを躊躇してしまうような状況である。そのようなネガティブな結果しか出せていない組織をポジティブにとらえて再評価し、買収の意思決定をおこなうのは至難の業である。

　その経営者の意思決定はシンプルであった。適切にマネジメントされていないからよい結果が出ていない場合にのみ、買収するのである。逆にいえば、適切にマネジメントされているにもかかわらずよい結果が出ていない組織は、決して買収しない。なぜなら、そのような組織を自分がどのようにマネジメントしたとしても、よい結果が出ない可能性が高いからである。マネジメントの巧拙を超えた何かが、事業の成否を支配している可能性が高いということだ。したがって、経営がうまくいっていない理由が明確にわかる場合には買収対象として精査し、意思決定をおこなう。しかし、うまくいっていない理由が明確にわからないようであれば、それは自分の才能を超えた領域の問題であるとして、検討の対象外に置く。この方針は、経営がうまくいっている企業でも同じなのだそうだ。うまくいっている理由が明確にわかる場合でなければ、決して買収しない。

　この考え方は、結果ではなく、結果を生み出した原因に着目する思考アプローチといえる。すなわち、財務諸表や市場シェアなど、経営の結果にもとづいて組織を評価するのではなく、それらの結果を生み出した組織の仕組みやその運用に着目する。そして、自分の経営スキルでその仕組みや運用を変えられるかどうかを判断するのである。問題現象を構造にもとづいて分析し、構造から変えていくシステム・シンキングの思考アプローチに非常に近い考

え方である。

　本書は、このシステム・シンキング初学者のための入門書である。目の前で起こる結果にとらわれるのではなく、その結果を生み出したシステムの構造を明らかにし、よりよい意思決定を導くための思考技法を学んでほしい。

　第1章「基礎知識編」では、システム・シンキングの基盤となる考え方を学ぶ。また、ビジネスや社会問題の解決にシステム・シンキングがどのように役立つか、具体例を紹介する。

　第2章「基礎技術編」では、システム・シンキングで用いる分析ツールとして因果ループ図を学ぶ。2種類の因果リンクと2種類の因果ループを組み合わせることで、ビジネスから社会問題まで、あらゆる対象をシステムとして分析することが可能になる。

　第3章「応用編」では、ビジネスや社会問題の解決にシステム・シンキングを適用するプロセスについて学ぶ。思考技法には長所と短所があり、それらを十分に認識したうえで正しいプロセスで用いることが、問題解決のスピードと品質を高めることにつながる。

　第4章「実践編」では、システム・シンキングを適用したアプローチを対話形式で疑似体験する。2名の登場人物の対話を聞きながら、システム・シンキングを上手に適用するためには何を工夫し、何に気をつけなければならないか学ぼう。

　第5章「発展編」では、因果ループ図をさらに発展させ、専用ソフトウェアを用いてモデリング・シミュレーションをおこなう際の基礎を学ぶ。ストック・フロー図と呼ばれるモデル表現法を、簡単な例を交えながら解説する。

　この世の中には、問題のない組織など存在しない、と私は思う。あらゆる組織がなんらかの問題を抱えながらも、組織として存続し、世の中に価値を提供し続けるのである。大切なのは、問題を取り除くことではなく、問題が生み出される構造を理解し、その影響を最小限に抑え、再発を防ぐことである。構造から理解し、構造から変えていかない限り、同じ問題はまた発生する。そのような負の連鎖を根本から取り除くことができる思考技法が、これから学ぶシステム・シンキングである。本書を読み終わった後、読者の頭の使い方が大きく変化していることを約束しよう。

目次

はじめに ……………………………………………………………………………………… iii

第1章 ── 基礎知識編　システム・シンキングを理解しよう ……………… 1

1.1　システム・シンキングとは何か ……………………………………………… 1
- 1.1.1　システムの定義とその思考技法 ……………………………………… 1
- 1.1.2　なぜシステム・シンキングが必要なのか？ ……………………… 2
  - "構造"から変える問題解決アプローチ …………………………… 3
  - 人を責めない問題解決アプローチ ………………………………… 4
- 1.1.3　ロジカル・シンキングとの違い …………………………………… 4
  - ロジカル・シンキングとは ………………………………………… 5
  - ロジカル・シンキングの長所と限界 ……………………………… 7
- 1.1.4　システム・シンキングの強み ……………………………………… 10
- 1.1.5　ロジカル・シンキングとシステム・シンキングの併用 ………… 12
- 1.1.6　システム・ダイナミクス …………………………………………… 13
- 1.1.7　ゴールとコントロール ……………………………………………… 13
  - Column ①　バーテンダーのコントロール術 …………………… 17

1.2　システム・シンキングはさまざまな問題に適用できる ……………………… 18
- 1.2.1　資源問題：全員が自由に奪い合うとどうなるのか？ …………… 18
- 1.2.2　堤防問題：全員が自己防衛行動をとるとどうなるのか？ ……… 20
  - Column ②　持続可能性とは何か ………………………………… 22
- 1.2.3　道路問題：渋滞緩和のために道路を広げることは有効か？ …… 24
- 1.2.4　ゴミ問題：カラスよけの目玉は問題解決になるのか？ ………… 26
- 1.2.5　飲酒問題：人はなぜ飲みすぎてしまうのか？ …………………… 27

1.3　システム・シンキングの3つのポイント ……………………………………… 29
- 1.3.1　構造 …………………………………………………………………… 29
- 1.3.2　遅れ …………………………………………………………………… 29
- 1.3.3　フィードバック ……………………………………………………… 30

1.4　システムの振る舞いの6パターンを理解しよう ……………………………… 30
- 1.4.1　指数的成長 …………………………………………………………… 30
- 1.4.2　目標追求 ……………………………………………………………… 31

1.4.3　振動 ··· 32
1.4.4　S字型成長 ·· 32
1.4.5　振動を伴う成長 ·· 34
1.4.6　成長と崩壊 ·· 34
1.4.7　なぜ振る舞いのパターンを理解することが重要なのか ············· 34
Column ③　教師の仕事とシステム・シンキング ····················· 36
1.5　本章のまとめ ··· 38
第1章習熟度確認テスト ·· 39

第2章 — 基礎技術編　因果ループ図を描いてみよう　43

2.1　因果とは何か ··· 43
2.1.1　共変性 ··· 43
2.1.2　時間的先行性 ·· 44
2.1.3　第3の因子の不存在 ··· 44
2.2　因果ループ図で用いる2種類の記述ルール ······································ 45
2.3　因果リンクを覚えよう ·· 46
2.3.1　正の因果リンク ·· 46
2.3.2　負の因果リンク ·· 47
2.3.3　曖昧な因果関係をどう扱うか ·· 50
2.4　因果ループを覚えよう ·· 53
2.4.1　自己強化型ループ ··· 53
2.4.2　バランス型ループ ··· 54
2.4.3　自己強化型ループとバランス型ループの見分け方 ··················· 57
2.4.4　マルチループシステム ··· 58
2.5　効果的な因果ループ図を描くためのポイント ··································· 60
2.5.1　因果リンクは直線ではなく、カーブした線で描く ··················· 60
2.5.2　因果の飛躍を避ける ·· 61
2.5.3　遅れを記述する ·· 62
2.5.4　因果ループ図は円形または楕円形で描く ······························ 62
2.5.5　ループに適切な名前をつける ·· 63
Column ④　システムの運用のセンス ··································· 64
2.5.6　他人と議論する ·· 66
2.5.7　何度も描きなおす ··· 66
2.6　本章のまとめ ··· 66
第2章習熟度確認テスト ·· 68

第3章 — 応用編　問題解決への具体的適用のプロセスを学ぼう　71

3.1　問題解決とは何か ··· 71

		真の要求は何か ··	71
		2種類の問題と妥当な解決策 ··	72
3.2	システム・シンキングを用いた問題解決へのアプローチ ························	73
	3.2.1	時間軸分析 ···	74
		レファレンスモード ··	76
	3.2.2	ステークホルダー分析 ···	78
		Column⑤　是非の秤と利害の秤 ··	79
		ステークホルダーをできるだけ多く抽出するには ··························	80
		ブレインストーミング法 ··	81
		Column⑥　よいブレインストーミングとは ··································	84
		ステークホルダーの数を集約するには ··	85
		親和図法 ··	85
		ステークホルダーカードの作成 ··	86
	3.2.3	変数抽出 ··	88
		マインドマップ法 ··	88
	3.2.4	因果分析 ··	90
		ループがつくれない！ ···	91
		文章を変数に変換 ··	93
		論理の飛躍を解消 ··	93
	3.2.5	仮説構築 ··	94
3.3	本章のまとめ ···	96
		第3章習熟度確認テスト ···	97

第4章 ── 実践編　システム・シンキングゼミナール ─── 99

4.1	イントロダクション ··	99
4.2	スパゲティー化した因果ループ図 ···	101
	因果ループ図＝メンタルモデル ··	102
	スパゲッティー化 ···	104
4.3	時間軸分析 ···	105
	視点と時間軸 ··	105
	レファレンスモードの作成 ··	108
	問題の空間的範囲 ··	110
4.4	ステークホルダー分析 ··	112
4.5	変数抽出 ··	115
	ステークホルダーの関心事項 ···	115
	関心事項から変数へ ···	116
4.6	因果分析 ··	118
	問題の本質 ···	118
	原因と結果 ···	121

　　　　因果ループの出現 …………………………………………………… 122
　　　　飛躍の解消 ……………………………………………………………… 124
　　　　進化していく因果ループ図 …………………………………………… 126
　4.7　仮説構築 ……………………………………………………………………… 129
　　　　ループに名前をつける ………………………………………………… 129
　　　　仮説として表れるメンタルモデル …………………………………… 131
　4.8　本章のまとめ ………………………………………………………………… 134
　　　　　　Column ⑦　効率性と創造性 …………………………………… 135

第5章──発展編　システム・シンキングを定量化してみよう …… 137

　5.1　定性分析から定量シミュレーションへ ………………………………… 137
　5.2　ストック・フロー図 ………………………………………………………… 138
　　　5.2.1　ストック …………………………………………………………… 138
　　　5.2.2　フロー ……………………………………………………………… 139
　　　5.2.3　バルブ ……………………………………………………………… 141
　　　5.2.4　クラウド …………………………………………………………… 141
　　　5.2.5　湖のモデル ………………………………………………………… 142
　5.3　因果ループ図からストック・フロー図へ ……………………………… 143
　5.4　ソフトウェアを用いたモデル構築 ……………………………………… 144
　　　5.4.1　ソフトウェアのインストール …………………………………… 144
　　　5.4.2　銀行預金のモデリング …………………………………………… 145
　　　　　　因果ループ図の作成 ……………………………………………… 146
　　　　　　モデル構築 ………………………………………………………… 146
　　　　　　ワンポイントアドバイス ………………………………………… 149
　　　　　　方程式の定義 ……………………………………………………… 149
　　　　　　シミュレーションの実行 ………………………………………… 152
　　　5.4.3　S字型成長のモデリング ………………………………………… 155
　　　　　　モデル構築 ………………………………………………………… 155
　　　　　　シミュレーションの実行 ………………………………………… 156
　5.5　本章のまとめ ………………………………………………………………… 160
　　　　　　Column ⑧　信頼性と妥当性 …………………………………… 161
　　　　　　Column ⑨　検証と妥当性確認 ………………………………… 163

付　録　システム・シンキングを用いた企業分析事例 ……………… 165

　第1章　習熟度確認テスト　解答 ……………………………………………… 170
　第2章　習熟度確認テスト　解答 ……………………………………………… 172

　おわりに ……………………………………………………………………………… 176
　参考文献 ……………………………………………………………………………… 178

第 1 章 ── 基礎知識編
システム・シンキングを理解しよう

　第 1 章ではシステム・シンキング（system thinking）とは何かを定義し、これを学ぶべき理由および学習において重要なポイントをいくつか紹介する。また、ビジネスや社会問題の分析と解決策の立案にシステム・シンキングがどのように適用できるかについて、具体例を交えながら解説する。まずはシステム・シンキングの本質を理解することから始めよう。

1.1 システム・シンキングとは何か

1.1.1 システムの定義とその思考技法

　システム・シンキング（system thinking）とは、対象をシステムととらえて分析する思考技法である。ここで**システム**（system）とは、「複数の構成要素が相互作用しながら全体としてまとまった機能を果たすもの」と定義される。具体例を挙げて考えてみよう。たとえば、箸は2本の棒が相互作用しながら食べ物をつかむという機能を果たすので、システムとして考えることができる。しかし、目の前に偶然2本の棒が落ちていても、それらをシステムとは見なせない。要素と要素との相互作用、そして、全体として生み出される機能が重要なのである（**図1.1**）。

　このように分析対象を複数の構成要素からなるシステムとしてとらえ、各要素がどのように相互に影響を与え合いながら、全体としてどのような機能を果たすのかを考えるアプローチこそが、システム・シンキングの本質であ

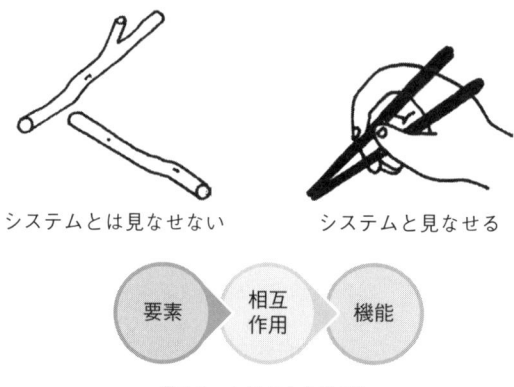

図 1.1　システムとは何か

る。したがって、対象をシステムとしてとらえて分析する思考のアプローチは、すべてシステム・シンキングといえる。

　このような思考の技術は、一朝一夕で身につくものではない。しかし、本書では、問題解決の場面において具体的に使える思考ツールを身につけることを主目的とし、第2章で解説する因果ループ図（causal loop diagram）を中心に、練習問題を交えながらシステム・シンキングをより実践的に学んでいく。

1.1.2　なぜシステム・シンキングが必要なのか？

　なぜ、今システム・シンキングが注目されているのだろうか。それは、複雑化する現代社会において効果的に望ましい結果を生み出すために、システム・シンキングがきわめて有効だからである。われわれが問題という単語を口にするとき、そこには現象としての問題を指す場合と、原因としての問題を指す場合の2通りの可能性がある。現象としての問題は目に見えることが多いが、原因としての問題は目に見えないことが多い。現象としての問題に対しシステム・シンキングを適用することで、必ずしも顕在化していない原因としての問題を、システムとしての構造にもとづいて分析することができるのである。

"構造"から変える問題解決アプローチ

われわれが現実世界で期待するのは、自分が意図した**結果**（event）の発生である。システム・シンキングでは、結果はシステムの**振る舞い**（behavior）によって発生すると考え、さらに、システムの振る舞いはシステムの**構造**（structure）によって生み出されると考える。すなわち、システムの構造がシステムの振る舞いを生み出し、システムの振る舞いがシステムの結果を生み出すと考える（**図1.2**）。これは逆にいえば、システムの結果を変えるにはその振る舞いを変えなければならず、システムの振る舞いを変えるにはその構造を変える必要があることを意味する。

具体例で考えてみよう。狭い家の中の同じ場所で、住人どうしがいつも衝突する状況を想像してほしい。これは、「家の間取り」というシステムの構造が「人の動き」というシステムの振る舞いを規定しているために生じるシステムの結果にほかならない。すなわち、間取りというシステムの構造を変えない限り、住人は同じような動き（振る舞い）を繰り返し、決まった場所で衝突するという同じ結果が繰り返し起こる可能性が高い（**図1.3**）。英国の政治家ウィンストン・チャーチル（Winston Churchill）は、

図1.2　構造-振る舞い-結果

図1.3　家の間取りが生活動線を決める

「我々は住まいに型を与えるが、然る後に、住まいが我々の生活に型を与える」(*"We shape our buildings; thereafter, our buildings shape us."*)

と述べている。

　ビジネスや社会問題でも、これとまったく同じことがいえる。システムの構造から変えてしまわない限りシステムの振る舞いは変わらず、生み出される結果もいつまでも変わらないのである。対象をシステムとしてとらえて分析するシステム・シンキングは、現代社会の複雑な問題解決においてこそ力を発揮するのである。

人を責めない問題解決アプローチ
　システム・シンキングが有効であるといえるもうひとつの理由は、解決策の実行面における周りからの協力の得やすさである。なぜなら、システム・シンキングでは犯人探しをおこなわないからである。逆に、問題と人とを意図的に切り離す。組織内の問題解決では、特定の人や組織に原因を求めることが多い。そのため、原因を特定できたとしてもなかなか問題解決への協力が得られず、問題に対する適切な解決策でさえ実行段階で頓挫する。あなたが問題の原因ですよと指摘されたら、はたして人間は自発的に問題解決に協力したいと感じるだろうか。問題の原因を人ではなく構造に求めるシステム・シンキングを活用することで、たんなる利害を越えた議論がおこないやすくなるのである。

1.1.3 ロジカル・シンキングとの違い
　従来、問題解決において一般的に採用されてきた思考技法が論理思考、すなわち、**ロジカル・シンキング**(logical thinking)であった。システム・シンキングは、このロジカル・シンキングの弱点を補いつつ、さらに、全体のバランスに配慮した分析と意思決定を可能にする。システム・シンキングについてくわしく学び始める前に、ロジカル・シンキングの基本を確認しておこう。

ロジカル・シンキングとは

　ロジカル・シンキングでは、**ロジックツリー**（logic tree）や**ピラミッド構造**（pyramid structure）といった図式分析ツールを用いて、対象を上位概念から下位概念へと分解しながら問題を分析するアプローチを採用する。**図1.4**はロジックツリー、そして、**図1.5**はピラミッド構造で採用される典型的な図を表したものである。ロジカル・シンキングでは、このような階層構造の図を用いて、上位概念から下位概念への要素分解、そして、下位概念から上位概念への要素統合をおこなう。

　全体を構成要素に分解する際に重要な概念として、**MECE**（mutually exclusive and collectively exhaustive）がある。日本語では一般に「ミシー」と呼ばれる。これは、上位概念を下位概念に分解する際に、"モレなくダブりなく"分解しなければならないという大原則である。すなわち、AはBとCの2つに分解でき、また、BとCを統合すればAになるという関係が成立する場合（**図1.6左**）がMECEな状態である。Aを構成する要素として何かが欠けている、すなわちモレがある場合（**図1.6中央**）や、BとCが一部重複している、すなわちダブリがある場合（**図1.6右**）は、MECEであるとはいえない。

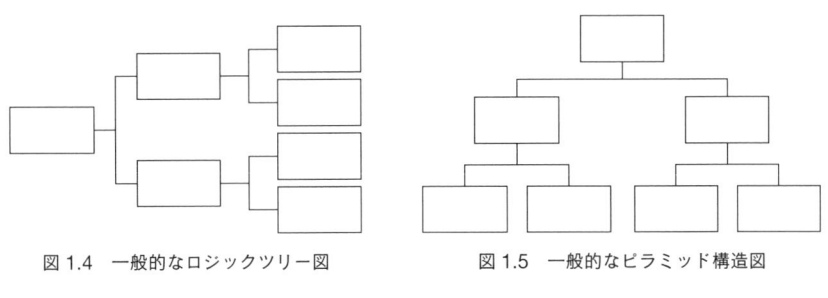

図1.4　一般的なロジックツリー図　　　図1.5　一般的なピラミッド構造図

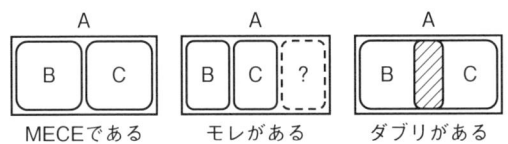

図1.6　MECE（mutually exclusive and collectively exhaustive）

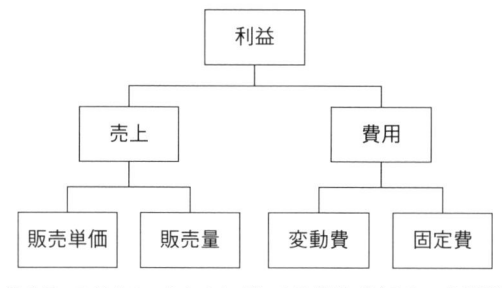

図1.7　ロジカル・シンキングによる分解（ピラミッド構造）

　より具体的な例として、**図1.7**を見てほしい。一般的に、費用は固定費と変動費の2つに分解でき、また、固定費と変動費を統合すれば費用になるので、この場合はMECEであるといえる。また、売上は販売量と販売単価の積によって計算されるので、こちらもMECEであるといえる。ロジカル・シンキングにおいては、全体を構成要素に分解した結果がMECEであることを十分に検証しなければ、主張の論理性は担保されない。

　ロジカル・シンキングは、主張に関する論理性（ロジック）の検証をおこなう際にも用いられる。論理性の検証をおこなうには、2つの問いを自分自身に投げかけるとよい（**図1.8**）。それは、「Why?（なぜ？）」と「So What?（だから何？）」の2つである。まず、上位概念（主張）から下位概念（理由、証拠）に対して「Why?」の質問を投げかけ、「Aである。なぜなら、Bだから」と「Aである。なぜなら、Cだから」という2つの主張が無理なくいえるかどうかを確認する。次に、下位概念を眺めながら、「Bである。だから、Aである」

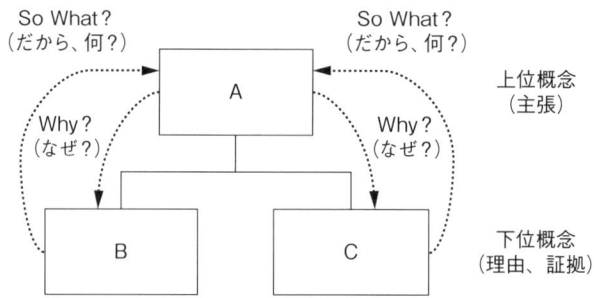

図1.8　ピラミッド構造を用いた論理（ロジック）の検証

と「Cである。だから、Aである」という2つの主張が無理なくいえるかどうかを確認する。いずれかの主張に無理があると感じた場合、それは論理に飛躍が存在する証拠と考えていい。これら2つの質問によって、主張の論理性を事前に検証することができる。

ロジカル・シンキングの長所と限界

　図1.7の具体例を用いてロジカル・シンキングの長所と限界を理解しよう。ある事業で利益が下がっており、その原因を究明し、対策を検討するという状況を考える。この場合、利益を売上と費用の差に分解し、さらに売上は販売単価と販売量の積に分解し、費用は変動費と固定費の和として分解する（**図1.7**）。そのうえで、どの要素の変化が利益を押し下げている主要因なのかを探索する。このように、要素分解によって思考を具体化させ、さらに詳細な情報を収集し、分析すべき領域を深く探索できることがロジカル・シンキングの長所である。

　ここで、販売量の減少が判明したので、広告を出して改善することを考えるとしよう。販売単価は一定と仮定すると、広告により販売量が増加して売上が上がり、利益も上がると考えられる。しかし、広告を出したことによって費用が増加することも同時に考慮しなければならない。一般に、ロジカル・シンキングによる分解を徐々に進めるに従って、要素間のつながりが生み出す副次的影響を的確にとらえることが難しくなる（**図1.9**）。すなわち、ロジ

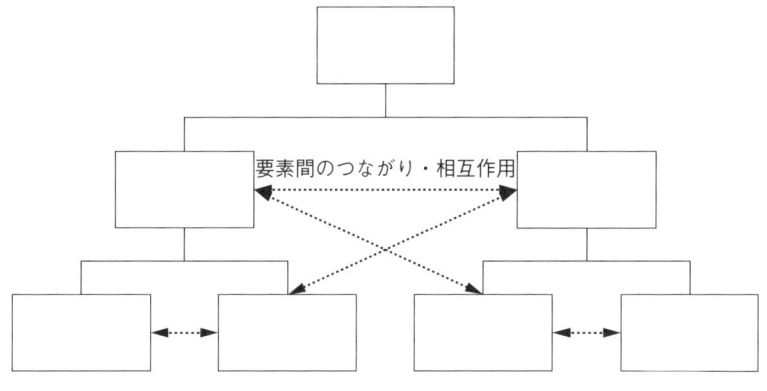

図1.9　ロジカル・シンキングの弱点

カル・シンキングの長所である構成要素への分解という行為自体が、構成要素間の相互依存性のとらえにくさという短所を同時に生み出しているのである。有効であると信じて実施した対策が予想した結果を生み出さない、あるいは、より事態を悪化させてしまう原因は、まさにこの要素間のつながりを無視することに起因することが多い。

練習問題 ★★★★★

分解する視点を変えながら、要素分解しなさい。

1 大学生　　**2** 企業

☞ **ワンポイントアドバイス**

　全体を要素に分解する際にはMECE（モレなくダブリなく）が重要であるが、完璧なMECEの実現は難しい。とくに、大規模・複雑なシステムを分解する場合や自分が知らない未知のシステムを分解する場合、それらの構成要素のすべてを明瞭かつ網羅的に列挙するのは困難であろう。その場合、「XとX以外」という分解パターンを覚えておくと、MECEであることを担保しやすい。たとえば、所属学部による大学生の分解ですべての学部を列挙することが難しい場合、代表的な学部を挙げたうえで、その他の学部はすべて「それ以外」に含めると、形式上はMECEを担保できる。あまり多用しすぎると分解する本来の価値を損ねてしまうが、「XとX以外」という分解パターンがあることを覚えておこう。

【解　答・解　説】

1 大学生の構成要素分解例

- 学年による分解（1年生、2年生、3年生、4年生、それ以上）
- 学習領域による分解（理系大学生、文系大学生、それ以外）
- 所属学部による分解（文学部、経済学部、法学部、教育学部…工学部、理学部、

医学部、それ以外）
- 国籍による分解（日本人大学生、海外留学生）

2 企業の構成要素分解例
- 規模による分解（小企業、中企業、大企業）
- 業種による分解（製造業、サービス業、それ以外）
- 国籍による分解（日本企業、外国企業、多国籍企業）

【 練 習 問 題 】　★★☆☆☆

ロジックツリーを用いて航空会社の売上を要素分解しなさい。

☞ ワンポイントアドバイス

　航空会社には一般的に旅客輸送事業とそれ以外の事業が存在する。また、旅客輸送事業には国内を移動する場合と国外へと移動する場合がある。

【 解 答 ・ 解 説 】

　一般的な航空会社の売上には、航空系収入（チケット販売など）と非航空系収入（機内サービスなど）がある。さらに渡航先の違いで旅客を分解すれば、航空系収入は国内線収入と国際線収入の2つに分解できる。さらに、国内線収入は国内線旅客数と国内線旅客の平均単価の積によって計算できる。国際線収入も同様に旅客数と単価の積に分解可能である。一方の非航空系収入については、ツアー事業やホテル事業などさまざまな構成要素が存在するが、たとえば機内販売による売上を分解するとすれば、機内販売サービスの購入者数と購入者の平均単価の積により計算できる（図1.10）。ロジックツリーを用いれば、曖昧な問題（たとえば、赤字がどこで発生しているのか）を詳細に堀り下げることが可能である。

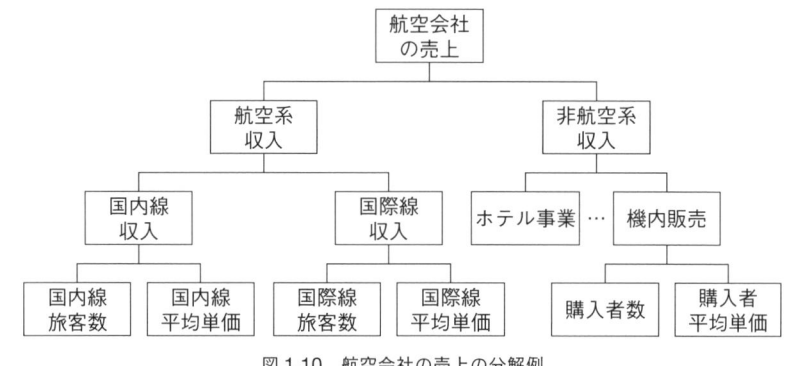

図 1.10　航空会社の売上の分解例

1.1.4 システム・シンキングの強み

　ロジカル・シンキングの短所は、対象を要素分解したあとの要素どうしのつながりや相互作用を無視してしまう可能性にあると述べた。この問題は、構成要素間のつながりを可視化しながら考えるシステム・シンキングを適用することで解決できる。

　システム・シンキングでは、システムの構成要素間の因果関係を分析するアプローチを採用する。その際、因果ループ図(causal loop diagram)と呼ばれる図式分析ツールを用いると、分析がしやすい。因果ループ図の作成では、システムの構成要素を変数として抽出し、変数と変数とを矢印で接続し、その関係性をプラス(＋)かマイナス(－)かの因果関係で表現する。(因果ループ図の描き方の詳細については、第2章で解説する。)

　この因果ループ図を用いて**図1.7**の広告と費用の問題を分析した結果が、**図1.11**である。因果ループ図を用いると、広告量を増やすことで広告費が上がり、固定費が上昇して費用が増え、利益を押し下げる(破線矢印)というフィードバックループ(①)の存在を視覚的に認識できる。フィードバック(feedback)とは制御理論(control theory)などでも用いられる用語であり、元来はシステムの出力が入力に対して影響を与えることを意味する。ここでは概念的なものとして、原因が結果を生み出し、その結果が回りまわって原因に影響を与える状況を指すものととらえてほしい。回りまわって影響を与えるという点を、ループ(loop)という言葉で表現している。また、**図1.11**

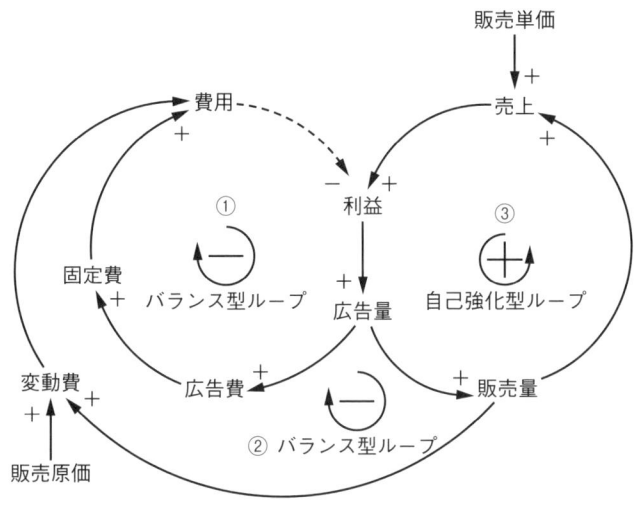

図 1.11 広告と費用の分析結果（因果ループ図を用いた場合）

では販売量が増加することで変動費も増え、費用の増加が利益を押し下げるフィードバックループ（②）が存在することもわかる。広告を増やすという対策の意図としては、広告により販売量を増やし、売上を増やすことで利益を改善するというフィードバックループ（③）に着目したものだった。しかし、このシステム内には複数のループが存在し、意図とは異なる副作用を生み出すループも含んでいた。そのことさえ事前に認識していれば、より適切な判断が可能だったはずだ。この例はきわめて単純であるが、より多くの構成要素からなる複雑なシステムを分析する場合、因果ループ図の果たす役割は大きいことを示唆している。

　古代ギリシアの哲学者アリストテレス（Aristotle）は、「全体は部分の総和に勝る」（The whole is more than the sum of its parts）と述べ、全体を要素に分解して詳細に分析するだけでは、全体の振る舞いを適切に理解するにはいたらない点を強調している。システム・シンキングは、分析対象を構成要素に分解するのみならず、分解した構成要素どうしを再び統合することで、全体をバランスよく俯瞰して考えることに長けた思考技法といえる。

システム・シンキングとは何か | 011

1.1.5 ロジカル・シンキングとシステム・シンキングの併用

　ロジカル・シンキングとシステム・シンキングのどちらが思考技法としてよりすぐれているのか、を議論することにあまり意味はない。これらの思考技法は相互補完関係にあり、それぞれ強みを発揮できる領域が異なるからだ。したがって、2つの思考技法を併用できるようになることが望ましい（**図 1.12**）。

　ロジカル・シンキングは、分析対象をより小さな単位に分解することで理解を深めようとする思考技法である。したがって、問題現象が大規模で複雑な場合に、まず全体を理解しやすい大きさに分割できるという強みを発揮する。要素分解は分析において最も重要な過程であり、問題解決において最初に適用すべきはロジカル・シンキングであるといえよう。ただし、この思考技法は問題現象を静的（static）にとらえるために、各要素が時間の経過とともに変化し、また相互作用するといった視点が抜け落ちやすい。時間の概念を加え、動的（dynamic）な思考をするには不十分なのである。

　一方、システム・シンキングは、要素と要素のつながり、および相互作用を分析することで、全体としての振る舞いを理解しようとする思考技法である。したがって、一度分解した要素を再統合する際に強みを発揮する。そこには時間の概念が介在し、ある要素の変化が別の要素に対してどのような影響を与えるか、全体としてどのようなフィードバックが作用するかを可視的に把握することが可能となる。すなわち、ロジカル・シンキングを用いて一度分解した複数の構成要素に対して、時間という新たな概念を加えて再統合する際に、システム・シンキングを適用できるのである。

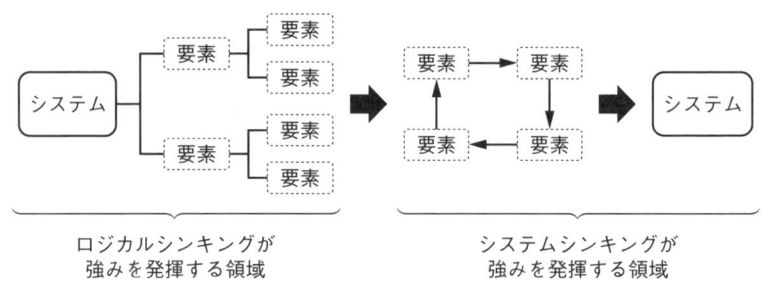

図1.12　ロジカル・シンキングとシステム・シンキングの補完関係

1.1.6 システム・ダイナミクス

システム・シンキングは、米国マサチューセッツ工科大学教授であったジェイ・フォレスター（Jay Forrester）が1950年代に創始した、**システム・ダイナミクス**（system dynamics）という学問分野に由来する。システム・ダイナミクスは、対象となるシステムを変数という構成要素に分解し、変数間の因果関係を連立微分方程式により定義し、コンピュータを用いたシミュレーションによりそのシステムの動的な振る舞いを時系列で観察する技術である。現在ではVensim、Stella、Powersim、AnyLogicなどの操作性にすぐれたソフトウェアが普及しているため、プログラミング言語の知識がなくてもシミュレーションモデルを構築できる。

本書では、モデリング・シミュレーション技法としてのシステム・ダイナミクスを第5章で簡単に解説する。興味のある方はJohn D. Sterman (2000), *Business Dynamics: Systems Thinking and Modeling for a Complex World*, McGrow-Hill Educationなどの原著をぜひ読んでいただきたい。

1.1.7 ゴールとコントロール

システム・ダイナミクスにおいて学ぶべき重要な概念に、システムの**ゴール**（goal）と**コントロール**（control）がある。先に、システムとは複数の構成要素が相互作用しながら機能を果たすもの、と述べた。システムの機能の先にはゴール、すなわち達成すべき目標がある。また本書では、システムのコントロールを、システムの現在の状態とシステムが達成すべきゴールとの差分（gap）を埋めていくこと、と定義する。

では、システムのコントロールについて、簡単な実験を参考にしながら考えてみよう。実験にはビーカーとオレンジジュース、目隠し用の下敷き、そして漏斗（**図1.13**）を使用する。

実験①：ビーカーにオレンジジュースを注ぐ

まず、実験①ではビーカーの特定の目盛をゴールとして定義し、その目盛までオレンジジュースを注ぐことを試みる。この実験では、ほぼ100％の被験者が、ゴールである目盛のところでオレンジジュースを注ぐことを止める

ビーカー　　オレンジジュース　　下敷き　　漏斗

図 1.13　実験で用いる器材

図 1.14　実験①のシステム構造

ことができる。それはなぜだろうか。実験を具体的にイメージした**図1.14**を見ながら考えよう。

　実験①では、被験者はビーカーの目盛線およびビーカーに入っているジュースの量を直接視認できる。言い換えれば、実験①では、被験者がシステムのゴールとともにシステムの状態をリアルタイムで認識可能である。視覚を通じて、すでにビーカーに入っているオレンジジュースの量を認識し、このシステムの状態に関する情報を脳にフィードバックする。そして、脳からの指令によって腕の筋肉を動かし、オレンジジュースを注ぎ続けるか否かを判断したのである。

　このようにゴールとシステムの状態を認識し、情報フィードバックによりそのシステムの状態をリアルタイムで更新できる場合、われわれはシステムを適切にコントロールすることができる（ただし、ここでは外乱や遅れの影響は考慮しないものとする）。

実験②：目隠しをして注ぐ

　実験②では、やはりビーカーの特定の目盛までオレンジジュースを注ぐ作業をおこなうが、被験者の目とビーカーとの間に目隠し用の下敷きを挟んだ状態で作業をしてもらう（実際の実験では、第三者が下敷きを持つとよい）。この場合、被験者のほとんどは定められた目盛を超過してしまうか、あるいは、それ以下でオレンジジュースを注ぐことを止めてしまう。なぜ、実験②ではオレンジジュースの量を適切にコントロールできなかったのだろうか。

　実験①と実験②をくわしく比較してみよう。ゴールである目盛の位置については、実験①ではつねに視認でき、また、実験②でも記憶をもとにある程度正確に推測可能なはずである。顕著な違いは、実験②では目隠し用の下敷きを挟んだことで、すでに入っているオレンジジュースの量を被験者がリアルタイムで認識できなかった部分にある。すなわち、実験①では被験者はシステムのゴールを明確に認識し、さらに、システムの状態をつねにフィードバックさせることが可能であった。しかし、実験②では、下敷きの存在によりゴールの認識が記憶のみに依存し曖昧になった。加えて、実験②では下敷きの存在によりオレンジジュースの量という情報までもが遮断され、システムの状態をリアルタイムに脳にフィードバックさせることが難しかったであろう（**図1.15**）。実験②でコントロールを失ってしまうのは、このためと考えられる。

図1.15　実験②のシステム構造

実験②の失敗は、システムを適切にコントロールするには、システムのゴールを明確に認識するとともに、システムの状態に関する情報のフィードバックが重要であることを示唆している。ただし、システムの状態に関する情報の視覚的フィードバックがない状況であっても、繰り返し練習を重ねることで適切な量の感覚を記憶し、その記憶に従って適切にコントロールすることが可能な場合もある（コラム①参照）。

実験③：漏斗を使って注ぐ

最後の実験③では、同じようにビーカーの特定の目盛までオレンジジュースを注ぐ作業をおこなうが、直接ビーカーに注ぐのではなく、漏斗を使って注ぐ。この場合、目隠しの下敷きはない状態でおこなうため、ゴールである目盛も現在のオレンジジュースの量もすべて情報としてフィードバックできる。しかし、実験結果として、ほとんどの被験者はオレンジジュースを適切な量にコントロールすることができずに、ゴールの目盛りを越えてしまう。なぜだろうか。

実験①と実験③を比較すると、大きく異なるのは、漏斗の中に滞留するオレンジジュースの存在である。この漏斗の中にあるオレンジジュースの量に注意を払わないまま、ビーカー内のオレンジジュースの量にのみ集中してコントロールしようとすると、たいていの場合はゴールである目盛を超過してしまう。これは、漏斗がシステムに遅れをもたらしているためである（**図1.16**）。

本来ならば、このようなシステムに介在する遅れの存在をすべて認識し、その影響を考慮したうえで意思決定を下すべきであるが、往々にしてわれわれはシステム内の遅れの存在に気がつかない。あるいは、気づいたとしても無視してしまいがちである。実験③は、明確に遅れの存在を認識できる（漏斗が視認できる）状態であっても、システムを適切にコントロールすることは難しいという現実を示唆している。遅れはシステムのコントロールにおいてきわめて重要な要素である。

column ❶

バーテンダーのコントロール術

　筆者はその昔、あるBarでバーテンダー見習いのアルバイトをした経験がある。Barにはマスターがいてお客様にカクテルをつくるのだが、記憶に残っているのは、マスターのカクテルづくりの手際のよさである。カクテルにはレシピがあり、それに従って複数のお酒やフレッシュジュースの量を正確に計りとり、それらを混ぜてつくるのが基本である。しかし、筆者が働いていたBarのマスターは、計測器具を使って注ぐお酒の量を計らなくても、限りなくレシピに忠実なカクテルをつくることができた。

　システムを適切にコントロールするためには、ゴールの認識、システムの状態の認識、そして、遅れの認識が重要であると先に述べた。かのマスターは、情報のフィードバックを視覚経由で受けることなく、ゴールに対して適切にシステムの状態をコントロールする術を持っていたのである。

　彼はいったい、どのようにシステムをコントロールしていたのだろうか。それは、長年の経験によって蓄積された手の微妙な感覚と、いつも利用しているお酒の瓶の容量と形、およびグラスの容量と形の記憶を頼りに、彼独自の制御律にもとづいて、注ぐお酒の量を自在にコントロールしていたのである。この場合、視覚経由ではシステムの状態に関するフィードバックは受けていないが、経験にもとづいて手の微妙な感覚から意思決定に必要な情報を受け取り、自分の腕の筋肉をコントロールしていたはずである。また、実際にグラスを視認していなくても、彼の頭の中にはゴールの認識が存在していたはずである。そうでなければ、一定の量を注いだ時点でお酒を注ぐのを止めることはできないからである。

　感激するほどみごとなマスターの技であったが、この技を使うのはおおむね価格が安いお酒の場合であって、高級酒になるとさすがに計測器を用いていた。このときには、経済感覚という別のフィードバックが作用していたのであろう。

図 1.16　実験③のシステム構造

一連の実験結果から、システムを適切にコントロールするためには、
- システムのゴールを認識すること
- システムの状態を認識すること
- システムの遅れを認識すること

の3点が必要であることがわかる。システムに関する構造の理解およびシステムの状態に関する情報のフィードバックが重要なのも、このためである。また、システム外部からの影響(外乱)がシステムに介在する場合、コントロールはよりいっそう困難になる。

1.2 システム・シンキングはさまざまな問題に適用できる

システム・シンキングを用いると実際にどのような問題に対処できるのか、社会問題やビジネス上の問題を例に挙げながら具体的に考えてみよう。

1.2.1 資源問題：全員が自由に奪い合うとどうなるのか？

資源とは一般に貴重かつ有限なものである。その資源をめぐる競争が起きると、双方にとって望ましくない結果にいたることが多い。とくに、資源が多数者間の共有物である場合、**共有地の悲劇**(tragedy of the commons)と呼

ばれる現象が起こりやすいといわれている。共有地の悲劇とは、複数主体により共有される資源が、その主体間の資源獲得競争により加速度的に消費され、やがて枯渇する現象を指す。この現象については経済学分野でさまざまな理論研究がなされている。2009年には、米インディアナ大学のエリノア・オストロム（Elinor Ostrom）が共有資源の効率的管理に関する研究業績により、ノーベル経済学賞を受賞した。

　システム・シンキングを用いてこの共有地の悲劇を分析すると、何が本質的な問題かがわかる。ある共有地に有限の資源が存在し、複数の主体が自由にこの資源を利用できると仮定する。この場合、ある者が資源を利用することによって利益を得ると、結果としてほかの者が利用できる資源の量は減る。すなわち、ほかの者が得られる潜在的利益は減ることになる。したがって、将来にわたる自らの利益を最大化するためには、あらゆる者にとって、他者よりも早く資源を利用することが戦略上重要となる。つまり、他者の資源消費速度に対応する形で、自分の資源消費速度を増加せざるをえない状況が生まれる。このように各主体の資源消費が加速した結果、システム内での平均的な資源消費速度が上昇し、それが資源の再生速度を上回り、システムとしての再生・維持能力を失い、やがて資源枯渇問題として表面化することになる（**図1.17**）。

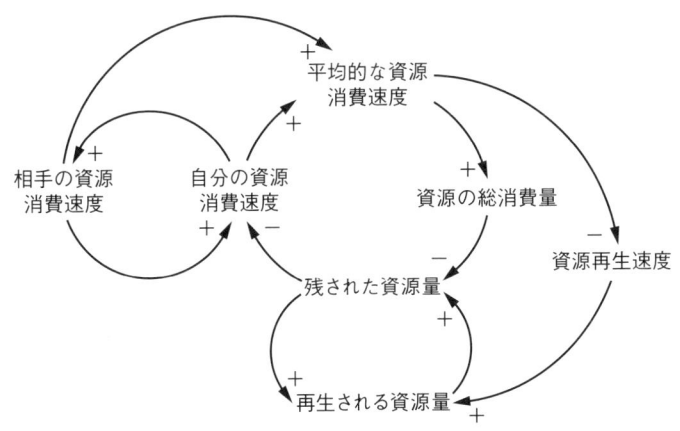

図1.17　資源問題へのシステム・シンキング適用例

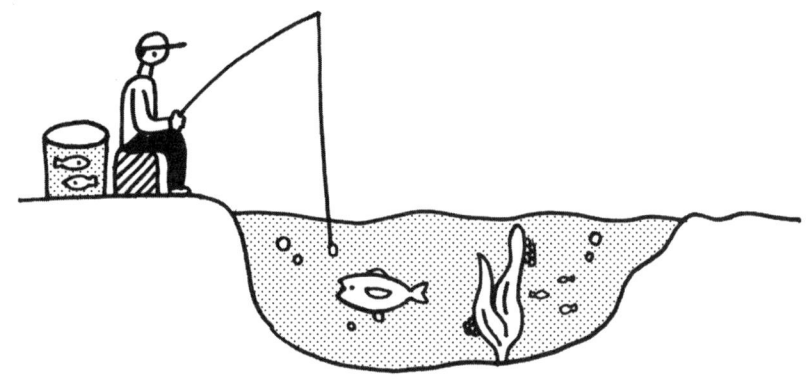

　ここで重要なのは、資源の消費速度が資源の再生速度を上回る現象である。たとえば、水産資源の場合、一定数の成魚を残しさえすれば、その成魚が卵を産み、稚魚が育ち、やがて成魚となって水産資源の量を一定レベルに保つことができる。しかし、水産資源としての再生速度を超える勢いで成魚を捕獲し消費してしまうと、やがて卵を産む成魚の数が減少し、稚魚の数が少なくなり、結果として捕獲可能な成魚の数も減少してしまう。このような現象は**持続可能性**（sustainability）の議論に頻出するため、多くの人が感覚的に理解している（持続可能性については、コラム②参照）。しかし、他者に先んじて共有資源からの利益を最大化しようとする行為が、この世からなくなることはない。システムを適切にコントロールする方法が存在するにもかかわらず、われわれはシステムのコントロールを失うことがある。これは、システム・シンキングの欠如ではなく、その実践における失敗であるといえよう。

1.2.2 堤防問題：全員が自己防衛行動をとるとどうなるのか？

　堤防とは、川の氾濫を防ぐためにその両岸に築く高い土塁のことである。氾濫を防ぐためには、当然水面よりも高い堤防を築かなければならない。水位より低い堤防は、容易に水に乗り越えられてしまうため、氾濫を防ぐという役割を果たすことができないからである。しかし、堤防を築く主体が複数に分かれている場合、水位より高いだけでは不十分となる。たとえば、ある

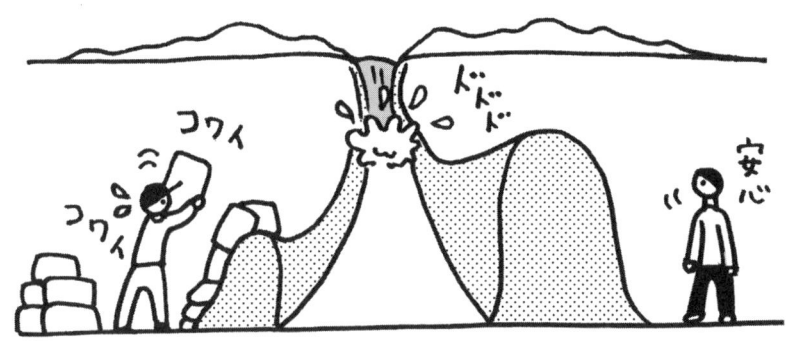

　川の流域に複数の村が存在し、それぞれ独自に堤防を築くことを求められていると仮定する。この場合、それぞれの村にとって、水位より高い堤防を築くことだけが本当に川の氾濫を防ぐことにつながるだろうか。
　ここで問題となるのは、複数の村の間に生まれる競争である。ある村が水位より高い堤防を築いたとすれば、それより下流の村はさらに高い堤防を築こうとするはずである。なぜなら、ほかの村より低い堤防を築いた場合、自分の村にのみ氾濫の被害が集中する可能性があるからである。したがって、堤防の高さをめぐって村と村の間に競争が発生し、高さをめぐる競争は理論上永久に続くことになる（図**1.19**）。それぞれ、自分の村を守りたいという正しい信念にもとづき行動しているにもかかわらず、システムの構造を適切に理解していないために、期待する結果を互いに得ることができないのである。

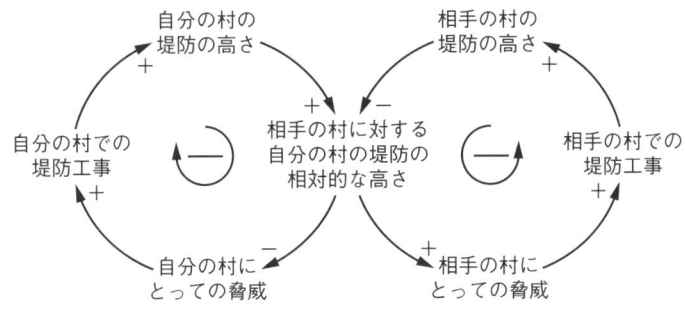

図1.19　堤防問題へのシステム・シンキング適用例

Column ❷

持続可能性とは何か

　持続可能性（Sustainability）の定義として最も有名なものは、国連の「環境と開発に関する世界委員会」（World Commission on Environment and Development、通称ブルントラント委員会）が1987年に最終報告書で提言した"Sustainable development is development that meets the needs of the present without compromising the ability of future generations to meet their own needs."であろう。日本語で要約すれば、「将来世代の要求を満たす能力を損なうことなく、現代の要求を満たすこと」となる。この定義は、開発に関する概念を超え、現在では持続可能性に関するあらゆる議論の中で頻繁に用いられている。

　持続可能性の議論では、経済・環境・社会のバランスにも配慮することが求められる。この3領域の重複する部分は「持続可能性のスウィートスポット」と呼ばれ（**図1.18**）、環境面・経済面・社会面でバランスのとれた活動を推奨している。システムにかかわる多様なステークホルダー間の利害バランスをとる、と言い換えてもよいだろう。

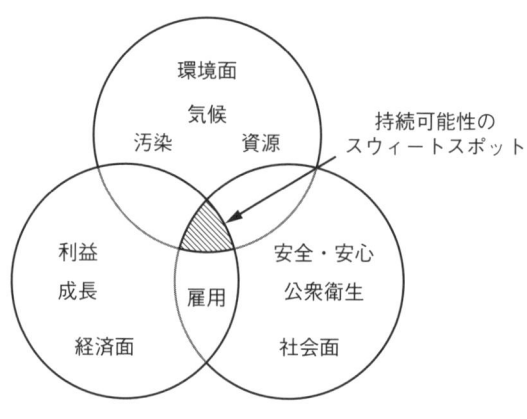

図1.18　持続可能性の3領域

さらに注目すべきは、異なる要求を満たすことのバランスに重点を置いていることにある。バランスをとるとは、どういうことだろうか。あらゆるシステムにはライフサイクルがあり、ユーザーの変化に従ってシステムの側も柔軟に変化できなければ、システムとして存続することは難しい。したがって、システム設計においては、現在のユーザーのみから要求を抽出するのではなく、将来のユーザーを想像しながら彼らが望む潜在的な要求を抽出し、設計に反映させる必要がある。時間軸を考慮しながらバランスをとる、と言い換えてもよいだろう。
　進化論を提唱したイギリスの自然科学者チャールズ・ダーウィン(Charles Darwin)は、

「*生き残る種というのは、最も強いものでもなければ、最も知的なものでもない。最も変化に適応できる種が生き残るのだ*」(*It is not the strongest of the species that survives, nor the most intelligent that survives. It is the one that is the most adaptable to change.*)

と述べている。これは生物に限った話ではなく、システムにも当てはまる。生き残るシステムとは、最も変化に適応できるシステムであると筆者は考えている。このようなシステムを適応型システム(adoptive system)と呼び、生態学やシステム工学、システム科学の分野で研究が進められている。本章で学習したフィードバックループ(feedback loop)は、この適応型システムを理解するうえで重要な概念のひとつである。さらに、可逆的な適応(adoptive)に対して不可逆な進化(evolve)の概念を内包した進化型システム(evolvable system)の研究も進められている。

この現象は、システム・シンキングにおいて**エスカレーション**（escalation）と呼ばれる。エスカレーションは、バランス型のフィードバック（くわしくは第2章で解説）が相互作用する形で発生する。すなわち、自分に対する脅威を減少させるためにとった行動が、相手にとっては脅威を増加させる行動となり、相手方が適応的に反応した結果、自分に対する脅威が増加し、再びその脅威を減少させる行動をとらざるをえなくなるのである。したがって、脅威を減少させるための双方の行動は、相手方の適応行動によって理論上永久に繰り返されることになる（ただし、実際には資源制約などがあるため、永久に続くとは考えにくい）。

このエスカレーションは、ビジネスにおいても頻繁に観察される。たとえば、ある企業が売上減少の脅威に対処するために価格を下げたとする。その競合他社は売上減少の脅威にさらされ、これに対処するために価格を下げる行動をとることがある。いわゆる、価格競争メカニズムである。価格競争は物価を安定させる効果がある一方で、企業間競争が過熱しすぎると長期的には企業を疲弊させてしまう。したがって、社会経済の発展に逆効果となる場合がある。政府が一部の資源や農産物、工業製品などで価格統制や関税などの介入をおこなうのは、それを防ぐためである。

1.2.3 道路問題：渋滞緩和のために道路を広げることは有効か？

あなたの家の前に1車線の道路があり、慢性的に激しい渋滞が生じていると仮定する。渋滞に悩まされたあなたは行政に相談し、道路の幅を広げ、車線を増やすことを依頼した。この提案ははたしてよい解決策といえるだろうか。

当然、道路の幅を広げて車線を増やせば通行可能な車の数は増加し、渋滞は緩和すると考えられる。しかし、この提案により発生する作用は渋滞緩和のみだろうか。システム・シンキングを用いると、期待する効果のほかに副作用があることを分析できる。すなわち、道路の幅が広くなったことでその道路はさらに便利になり、より多くの車が通行しようとする可能性が生まれるのである。

図1.20の因果ループは、道路の幅が広くなることで渋滞が緩和するバラ

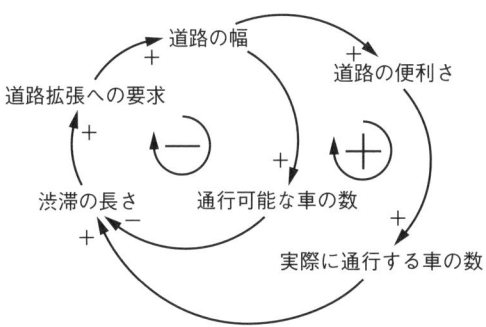

図1.20 道路問題へのシステム・シンキング適用例

ンス型ループのほかに、道路の幅が広くなることで車の通行量が増える自己強化型ループの存在を明示している。このような問題発生のパターンを、システム・シンキングでは**応急処置の失敗**と呼ぶ。問題に対して応急処置がとられると、その効果で問題は一時的に解消する。しかし、時間の遅れを伴って予期しない副作用が発生し、その結果、問題をより悪化させてしまう。重要なのは、副作用が時間の遅れを伴ってシステムに影響を与えることである。意図した作用と"同時に"副作用が発生する場合は、その対策をとることもできるが、"中長期的な影響として"副作用が発生する場合は、同時に対策が検討されることは少ない。

われわれが問題解決をおこなうとき、意図する結果のみに着目して対策を立てることが多い。しかし、システムの構造を変える際は、意図する作用に加えて、負の影響を与える副作用や、容易には思いつかない潜在的作用にまで考えをめぐらせ、バランスのとれた対策を立案すべきである。システム・シンキングを用いて構造を可視化して考えることで、作用や副作用を事前に

網羅的に理解することが可能になり、中長期的視点で最も効果の高い解決策を導き出せる。

1.2.4 ゴミ問題：カラスよけの目玉は問題解決になるのか？

　黒色と黄色の同心円状の縞模様からなるカラスよけの目玉をご存じだろうか。最近ではあまり見かけないかもしれないが、昔は畑やゴミ置き場などにカラス対策として設置されていた。さて、あなたの家の前にゴミ置き場があると仮定する。このゴミ置き場のゴミをカラスが荒らすので、あなたはカラス対策の目玉を設置した。この対策ははたしてよい解決策といえるだろうか。

　カラス対策の目玉に効果があるとすれば、カラスはゴミ置き場に近づくことができず、あなたの家の前のゴミ置き場は守られる。したがって、適切な問題解決策であるとも考えられる。しかし、ここで重要なのは問題解決の範囲である。カラス対策の目玉があなたの家の前に設置されたとすれば、カラスは近隣の別のゴミ置き場へと移動し、そちらのゴミを荒らす可能性が高い。すなわち、問題が解決されたのは利害を有するシステムの範囲内においてのみであり、しかもその解決は、ほかへの問題の移転によって実現されたということだ。カラスがエサを探す理由に着目し、その理由を除去しない限り、地域全体での本質的な問題解決にはいたらないのである。

　この現象は、システムの範囲を狭く定義し、自分の中だけで問題を解決するために起こる。あなたの問題解決行為は、ほかの誰かにとっての新たな問題を生み出すかもしれない。さらに、その誰かもまた自分だけのシステムの範囲内で問題解決を図り、その行為がめぐりめぐってあなたの問題に再び影響をおよぼすかもしれない（**図1.21**）。問題解決にあたり、システムの構造

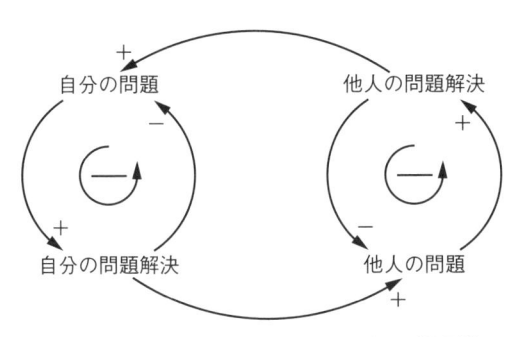

図 1.21　ゴミ問題へのシステム・シンキング適用例

を可視化するとともに、利害関係者（ステークホルダー）を特定して、その関心事項を詳細に分析する必要があるのは、このためである。システムとして問題を分析しない限り、中長期的に持続可能な問題解決を保障できる可能性は低い。

1.2.5 飲酒問題：人はなぜ飲みすぎてしまうのか？

この世界でわれわれが観察する現象のほとんどは、原因と結果とが時間的に乖離している。この原因と結果との時間的乖離がシステムのコントロールをより難しくする。たとえば、お酒を飲む場面を考えてみよう。飲酒という原因が発生した後、時間的な遅れを伴って「酔い」という結果が発生する。おそらく、お酒をたしなむすべての人が経験済みであろう。仮に、飲酒と同時に酔いが発生するとすれば、われわれは飲酒可能な上限値付近で飲酒を止めるはずだ。しかし、アルコールは飲酒後すぐには体内に回らず、気をよくして飲酒を続けるうちに飲酒可能な上限値を超え、われわれは酔っ払ってし

まう。飲みすぎという現象は、体というシステム内で、飲酒可能な上限値というゴールに対して飲酒量を適切にコントロールできないために起こるのである。

　この構造を因果ループ図により可視化すると、**図1.22**のようになる。理想的には、酔いの程度に従って飲酒量が少なくなるようにコントロールすべきであろう。これは、バランス型フィードバックループが適切に作用していれば十分可能である。ところが、飲酒量と酔いの程度との間には、原因と結果の時間的乖離がある。すなわち、バランス型フィードバックループが存在していたとしても、その作用には遅れが介在する。したがって、上限値を超える量の飲酒がなされ、酔いの程度が上昇していく。さらに、中長期的には、飲酒量の増加が飲酒可能上限値を高める効果がある。お酒を飲む経験を積むことでアルコールに対する耐性がつき、飲酒可能上限値そのものが高まるということだ。結果として、酔いの程度の上昇によって飲酒量を抑えるというバランス型フィードバックの作用が、さらに遅れるのである。

　人はなぜ飲みすぎるのかという問い対して、システム・シンキングの観点からはこのようなメカニズムを説明することが可能である。しかし、それがわかっていても飲みすぎがなくならないのは、学習というフィードバック構造が十分に作用していないか、あるいは、単純に二日酔いに苦しんだ記憶の欠如という、人間の限界のためであろう。

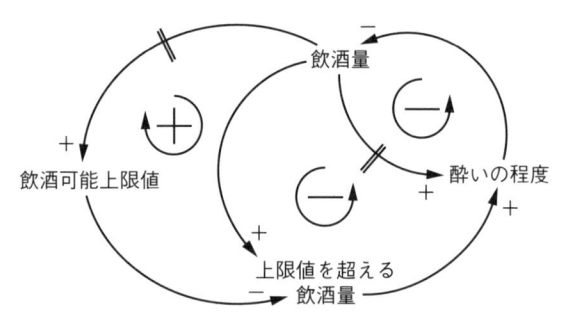

図1.22　飲酒問題へのシステム・シンキング適用例
（矢印の中間に配置された二重線は重大な遅れの存在を表す）

1.3 システム・シンキングの3つのポイント

前節で取り上げた資源問題や堤防問題などの事例から、システム・シンキングが多種多様な問題に適用できることを理解できたと思う。システム・シンキングをマスターするために重要なのは、端的にいうと3つ、構造・遅れ・フィードバックの理解である。それぞれの意味を簡単にまとめておくので、基礎的理解を定着させてほしい。

1.3.1 構造

システム・シンキングにおける**構造**とは、システムを複数の変数間の因果関係で表現したものである。システム・シンキングでは問題解決の出発点として、問題はシステムの構造によって生み出されると考える。われわれが現実世界で目にするのは結果であるが、この結果はシステムの振る舞いによって生み出されるもので、また、そのシステムの振る舞いはそのシステムの構造によって生み出される。したがって、結果を変えるためには、まずシステムの構造から変える必要がある。システムの構造を可視化する因果ループ図を多用して分析するのは、このためである。

1.3.2 遅れ

システム・シンキングにおける**遅れ**とは、原因と結果との間にある時間的乖離のことである。遅れには、物質の遅れと情報の遅れの2種類がある。物質の遅れとは、実際に物質が移動する際に時間がかかるために発生する遅れである。一方、情報の遅れは、現実の状態と人が認識する現実との間の不一致から生まれる。たとえば、問題が発生してから担当者が責任者に報告するまでには時間的な遅れ（報告の遅れ）が存在し、問題が報告されてから責任者が判断をおこなうまでにも時間的遅れ（判断の遅れ）が存在する。さらに、判断を下してから行動に移すまでにも時間的遅れ（行動の遅れ）が存在し、行動を起こしてから結果が出るまでにも時間的遅れ（効果発生の遅れ）が存

在する。これらの遅れを無視した場合、システムを適切なコントロールができないことは、すでに指摘したとおりである。

1.3.3 フィードバック

フィードバック(feedback)とは、システムの出力(アウトプット)がシステムの入力(インプット)に影響をおよぼすことを意味する。人はしばしば問題を解決しようとしてシステムの一部に変更を加えるが、その一部の変更がシステムのほかの部分に新たな問題を引き起こす可能性には気づかないことが多い。たとえば、自分の行為により環境が変化し、変化した環境に対応するべく他人も対策をとるために再度環境が変化し、その環境変化に対応するために自分も再度対応せざるをえない状況がある。本書では、システムを複数の構成要素が相互作用しながら機能を果たすものと定義したが、フィードバックはこの相互作用の一形態である。

1.4 システムの振る舞いの6パターンを理解しよう

米国マサチューセッツ工科大学のジョン・D・スターマン(John D. Sterman)は、著書 *Business Dynamics* (2000) の中でシステムの振る舞いのパターンを6種類に分類している。(1)指数的成長、(2)目標追求、(3)振動、(4)S字型成長、(5)振動を伴う成長、(6)成長と崩壊である。順に見ていこう。

1.4.1 指数的成長

指数的成長(exponential growth)は、ある変数が時間の経過とともに指数関数に従って増加するような振る舞いである(**図1.23**)。この振る舞いは、AがBを増加させ、BがAを増加させ、再びAがBを増加させるフィードバック構造によって再現できる。たとえば、ある時刻における純変化量が、システムの状態(変数)と一定の変化率の積によって決まるシステムを考えよう(**図1.24**)。このシステムの状態と変化率がともに正の値であれば、システムの状態は指数的に増加する振る舞いを示す。一方、変化率が負の値である

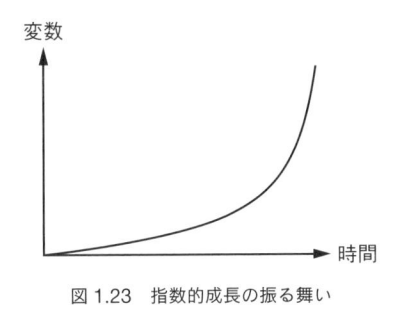

図 1.23　指数的成長の振る舞い

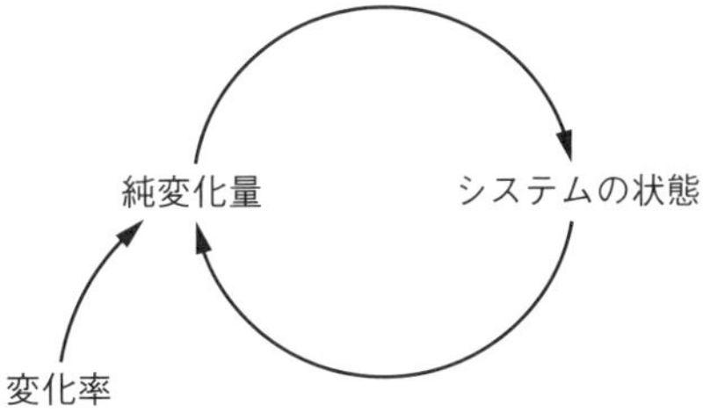

図 1.24　指数的成長の背後にある構造
Sterman（2000）の第 4 章を参考に筆者作成

場合、**指数的減衰**（exponential decay）を示す。

1.4.2 目標追求

目標追求（goal seeking）は、ある変数が時間の経過とともに一定の値に収束するような振る舞いである（**図1.25**）。たとえば、ある時刻における純変化量が、システムの状態と一定の変化率の積によって決まるシステムを考える。前述の指数的成長と構造的に異なるのは、目標（ゴール）とシステムの状態との差分をまず計算し、この差分と変化率との積により純変化量が決まるという点である（**図1.26**）。すなわち、このシステムは、目標と現状とのギャップを徐々に埋め、目標付近に近づいていく。しかし、目標に到達することはなく、したがって、目標を超えることはない。

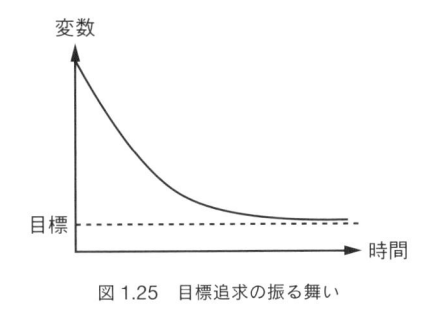

図 1.25　目標追求の振る舞い

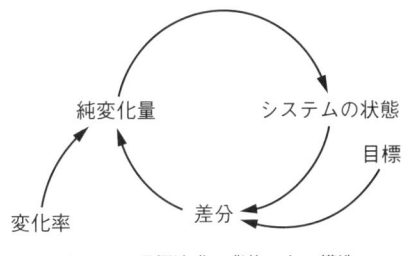

図 1.26　目標追求の背後にある構造
Sterman（2000）の第 4 章を参考に筆者作成

1.4.3 振動

振動(oscillation)は、ある変数が時間の経過とともに変動を繰り返すような振る舞いである(**図1.27**)。システムの構造としては、目標追求とよく似ているが、変数間の因果関係に重大な時間的な遅れが介在している場合に、振動が発生する(**図1.28**)。1.3.2項で述べたとおり、遅れにはさまざまな種類があり、測定の遅れ、報告の遅れ、認識の遅れ、処理の遅れ、意思決定の遅れ、効果発生の遅れなどが挙げられる。前項で紹介した目標追求の振る舞いは目標に到達したり、目標を超えたりすることはない。一方、振動では、システムに介在する遅れの影響により目標を超え、遅れ時間の経過後に修正行動が入ることで再び目標に向かって収束し始める。しかし、再び遅れの影響を受けるため目標付近にとどまることはなく、また目標を超えてしまう。このサイクルが繰り返される状態が振動である。

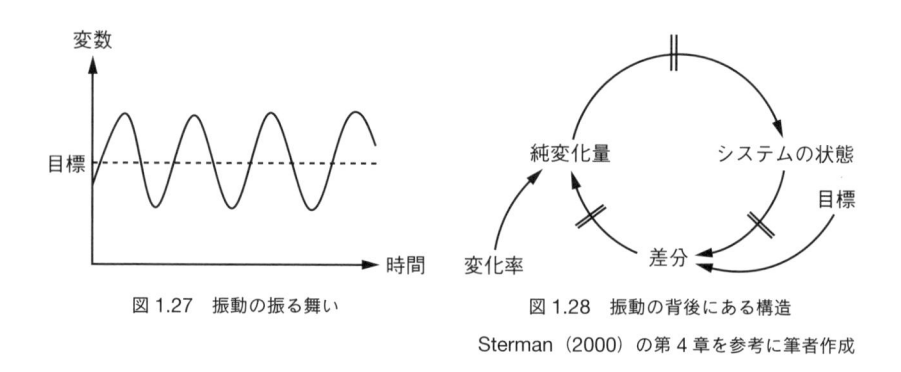

図 1.27 振動の振る舞い

図 1.28 振動の背後にある構造
Sterman(2000)の第4章を参考に筆者作成

1.4.4 S字型成長

S字型成長(S-shaped growth)は、ある変数が時間の経過とともに成長し、また、一定の値に収束するような振る舞いを指す(**図1.29**)。このパターンを示すシステムの構造は、指数的成長と目標追求を組み合わせたものである(**図1.30**)。成長するか収束するかは、その時点のシステム内において、指数的成長のフィードバックと目標追求のフィードバックのどちらがより支配的かによって決まる。

S字型成長の振る舞いを理解するために重要な概念が**環境容量**(carrying

図 1.29　S字型成長の振る舞い

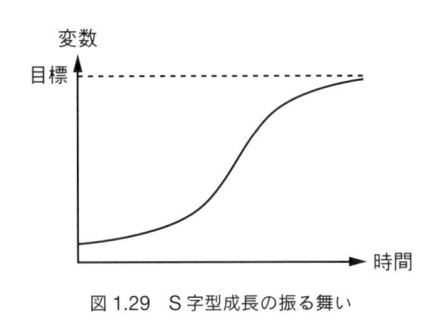

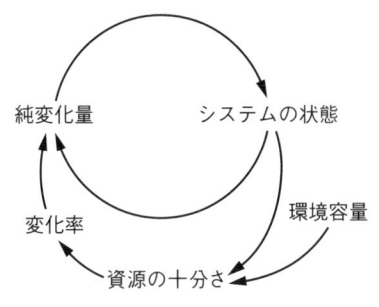

図 1.30　S字型成長の背後にある構造
Sterman（2000）の第4章を参考に筆者作成

capacity）である。生態学（ecology）の用語であり、ある生息環境が養うことのできる特定のタイプの生物の個体数を意味する。それは、環境で得られる資源の量とその生物群が必要とする資源の量によって決まる変数である。この環境容量が目標となって、目標追求型のバランス型フィードバックが作用する。

システムの状態（個体数）が環境容量に対して十分に小さいところから、その時系列変化を考えてみよう。システムの状態が環境容量という目標から乖離している場合には、資源は十分にあるので、変化率は資源制約の影響を受けることはない。したがって、指数的成長のフィードバックが支配的となり、システムは成長を続ける。やがて、システムの状態が環境容量に近づくと、資源不足の状態となり、資源制約がシステムの変化率に影響を与え始める。結果、純変化量は小さくなり、成長の速度は徐々に鈍化していく。目標追求のバランス型フィードバックが支配的になった結果である。

このように、指数的成長のフィードバックと目標追及のフィードバックとが相互作用する形で、S字型成長の振る舞いは発生する。S字型成長となるためには、環境容量が変化しないこと、また、バランス型フィードバックに大きな時間的遅れが含まれていないことが条件である。

1.4.5 振動を伴う成長

振動を伴う成長(growth with overshoot)は、ある変数が時間の経過とともにS字型で成長し、やがて目標を越えて、その後振動するような振る舞いである(**図1.31**)。この振る舞いを示すシステムは、S字型成長の基本構造に、振動の原因である遅れが加わった構造をしている(**図1.32**)。基本的にはS字型成長であるために環境容量が目標となるが、遅れの影響によってシステムの状態が目標を一時的に超過し、収束に向かうが、再び超過するというサイクルを繰り返す。したがって、バランス型フィードバックに大きな時間的遅れが含まれていることが条件である。

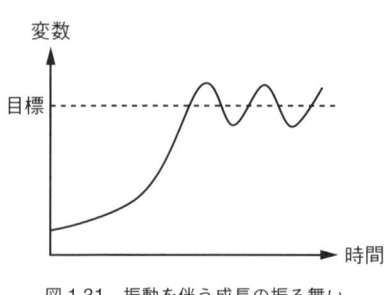

図 1.31 振動を伴う成長の振る舞い

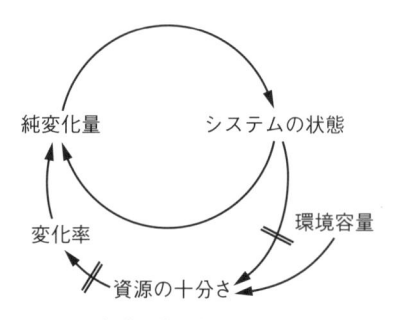

図 1.32 振動を伴う成長の背後にある構造
Sterman (2000) の第4章を参考に筆者作成

1.4.6 成長と崩壊

成長と崩壊(growth and collapse)は、ある変数が時間の経過とともにS字型で成長し、やがて崩壊(急速に減衰)するような振る舞いである(**図1.33**)。S字型との構造的な違いは、S字型では変化しなかった環境容量が、なんらかの原因で**浸食**(erosion)を起こす点にある(**図1.34**)。すなわち、目標となる環境容量の値が徐々に減少するために、システムの状態が急速に減衰する。環境容量が回復しない限り、このシステムの状態が回復することはない。

1.4.7 なぜ振る舞いのパターンを理解することが重要なのか

Sterman (2000) が指摘する6種類の振る舞いを学んだが、なぜこれらの基本パターンを理解することが重要なのだろうか。それは、ある特定の振る舞

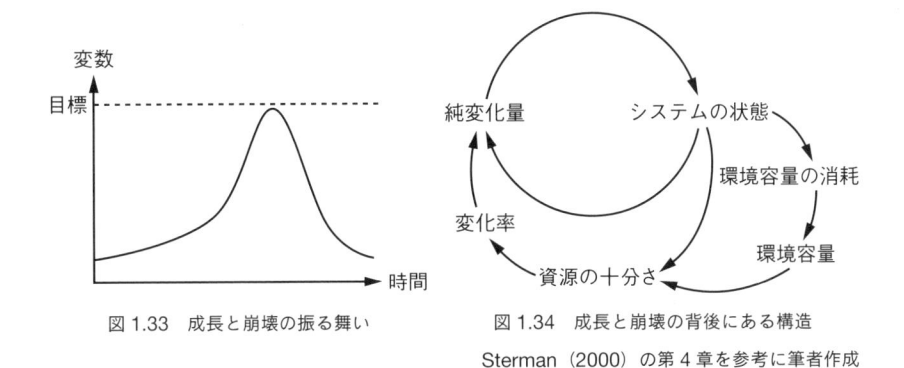

図 1.33　成長と崩壊の振る舞い　　　図 1.34　成長と崩壊の背後にある構造
Sterman（2000）の第 4 章を参考に筆者作成

いのパターンが観察された場合、そのデータが示す期間において支配的なフィードバック構造を推測できるからである。

　われわれが現実の世界で入手可能なのは、ある変数に関する時系列データであることが多い。すなわちグラフデータであり、これはシステムの振る舞いを可視的に表現したものにほかならない。仮に、時系列データが指数的成長という振る舞いを示していた場合、その背後には指数的成長に特有な構造があると推測できる。すでに述べたが、結果を変えるには、構造を変えることでシステムの振る舞いを変えなければならない。システムの構造を効果的に変える方策を検討するには、現実の構造を正しく推測する必要がある。システムの振る舞い（時系列データ）とシステムの構造を結びつけるうえで、本章で学んだ基本パターンがおおいに役立つだろう。

Column ❸

教師の仕事とシステム・シンキング

　筆者が愛読する書籍の一つに、米スタンフォード大学の数学者ジョージ・ポリア（George Polya）教授が書いた *How to solve it*（邦訳版：G.ポリア『いかにして問題をとくか』丸善）がある。筆者が前職を離れて大学の世界へと足を踏み入れた際、恩師の一人から教えられた書籍である。同書は世界的な名著であり、戦前（1944年）に執筆されたものでありながら、その示唆は今なお輝きを失っていない。
　その書籍を読み始めた途端、最初のページで筆者は大きな衝撃を受けた。それは以下の文章であった。

「教師の大切な仕事は学生を助けるということである。この仕事は余りやさしいことではなく、それには時間と労力が必要であり、熱意と健全な指導原理とが必要である。」
（G.ポリア　柿内賢信訳　『いかにして問題をとくか』　丸善、p.5より抜粋）

　大学に移籍する前の筆者は、教師の仕事の本質は「教えること」であると考えていた。生徒がまだ保有していない知識、世の中に出て間もない新しい知識を伝えることが、教師の本分であると勘違いしていた。今は高度情報化が進み、インターネットに接続さえできれば、世界中のあらゆる情報を即時に入手できる時代である。ただ知識を伝えることは、今後の世界ではそれほど大きな意味を持たないであろう。大切なのは生徒が考える力を養う手助けをすることにある。そして、自ら考え、決断し、行動し、修正できる人材こそ、これからの時代に必要とされるはずだ。この思いは、私の教育や研究指導において変わらぬ姿勢となり、さらに、システム・シンキングを解説する本書を執筆する動機となった。
　『いかにして問題をとくか』は数学の問題を解こうとする教師と学生のために書かれた書籍であるが、システム・シンキングを扱う本書とも

共通する部分が多い。たとえば、Polya教授によれば、問題解決のフェーズには、①理解、②計画、③実行、④検討の4区分がある。

「まず第1に問題を理解しなければならない。即ち求めるものが何かをはっきり知らなければならない。第2に色々な項目がお互にどんなに関連しているか、又わからないことがわかっていることとどのようにむすびついているかを知ることが、解がどんなものであるかを知り、計画をたてるために必要である。第3にわれわれはその計画を実行しなければならない。第4に解答ができ上がったならばふり返ってみて、もう一度それをよく検討しなければならない。」
(G.ポリア　柿内賢信訳『いかにして問題をとくか』丸善, p.9～10より抜粋。波下線は筆者による)

　筆者が注目するのは、第2フェーズに書かれた文章(波下線部)である。問題の解決にかかわる計画を立案するためには、問題を構成する要素間の相互依存性に着目し、未知の要素が既知の要素に対してどのような影響を与えるかを見きわめておく必要がある。この文章に、システムとしてとらえることの重要性が明確に表れていると思う。システムの相互依存性に対する深い理解がなければ、妥当な解決策など設計できない。本書で学習するシステム・シンキング、そして、思考ツールとしての因果ループ図は、まさにこの第2フェーズでおおいに活用できるであろう。

1.5 本章のまとめ

　本章では、システム・シンキングを「対象をシステムととらえて分析する思考技法」と定義した。問題解決においては、分析する対象をシステムの観点からとらえ直し、システムの構造から変えていくアプローチが有効である。構造から変えない限りシステムの振る舞いは変わらず、システムの振る舞いを変えなければ結果は変わらないからである。まず構成要素に分解して考えるロジカル・シンキングを適用し、さらに分解した構成要素どうしを再び統合し、全体をバランスよく俯瞰して考える際にシステム・シンキングを適用する。2つの思考技法を併用することで、問題を正しく理解し、妥当な解決策を計画・実行することが可能になる。また、システム・シンキングの学習においては、構造、遅れ、フィードバックの3点を理解することが重要であることを指摘した。さらに、社会問題やビジネスの事例を示しながら、システム・シンキングがどのように効果を発揮するかを解説した。

　次章では、具体的な分析のツールとして、システム・シンキングで用いる因果ループ図について学んでいこう。

第 1 章
習熟度確認テスト

1. システムとは何か？ その定義を述べなさい。

2. あなたの身の周りにおいて、「システム」と見なすことができるものは何か？ 具体例を3つ挙げなさい。

3. ロジカル・シンキングとはどのような思考技法か？ 簡単に説明しなさい。

4. ロジカル・シンキングで用いられる代表的な図式分析ツールを2つ挙げなさい。

5. ロジカル・シンキングで重要とされるMECEとは何か？ 説明しなさい。

6. システム・シンキングとはどのような思考技法か？ 簡単に説明しなさい。

7. システム・シンキングで用いられる代表的な図式分析ツールを1つ挙げなさい。

8. システムをコントロールするために重要なことを3つ挙げなさい。

9. システム・シンキングのポイントを3つ挙げなさい。

10. システムの基本的な振る舞いの6パターンを述べなさい。

11 時系列データが示す区間において、システムの振る舞いはどのパターンに当てはまるか答えなさい。

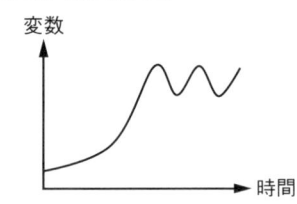

12 時系列データが示す区間において、システムの振る舞いはどのパターンに当てはまるか答えなさい。

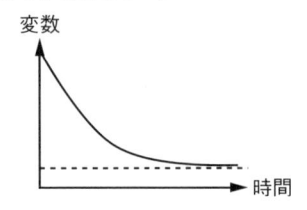

13 時系列データが示す区間において、システムの振る舞いはどのパターンに当てはまるか答えなさい。

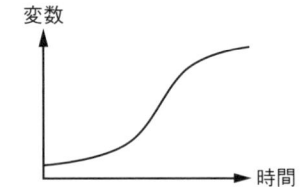

14 時系列データが示す区間において、システムの振る舞いはどのパターンに当てはまるか答えなさい。

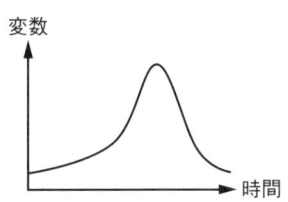

変数
↑

→ 時間

15 時系列データが示す区間において、システムの振る舞いはどのパターンに当てはまるか答えなさい。

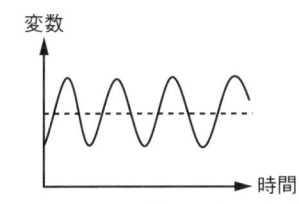

変数
↑

→ 時間

16 時系列データが示す区間において、システムの振る舞いはどのパターンに当てはまるか答えなさい。

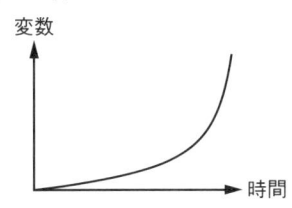

変数
↑

→ 時間

17 システムの基本的な振る舞いのパターンを理解することがなぜ有効なのか？ 簡潔に述べなさい。

第 2 章 ── 基礎技術編

因果ループ図を描いてみよう

　本章では、システム・シンキングで用いる分析ツールとして因果ループ図の基本を解説し、その描き方のマスターを目指す。2種類の因果リンクと2種類の因果ループを理解すれば、それらを組み合わせることで単純なビジネスから大規模・複雑な社会問題まで、あらゆる対象をシステムとして分析することが可能になる。まずは、因果とは何かという基礎的な理解から始めよう。

2.1 因果とは何か

　因果（causality）とは、**原因**（cause）と**結果**（result）の関係性のことである。システム・シンキングでは、分析対象を変数という要素に分解したうえで、変数間の因果関係を分析していく。したがって、因果関係とは何かを理解することが重要である。

　ここでの因果とは、ある変数Aと別のある変数Bとの間に原因と結果の関係性が成立することを指す。つまり、変数Bが変化する原因は変数Aの変化である、と推定できる場合である。この因果関係の推定には、①共変性、②時間的先行性、③第3の因子の不存在という3つの条件を検討する必要がある。各条件について、くわしく学んでいこう。

2.1.1 共変性
　共変性とは、変数Aが変化した場合に変数Bが変化するという条件である。

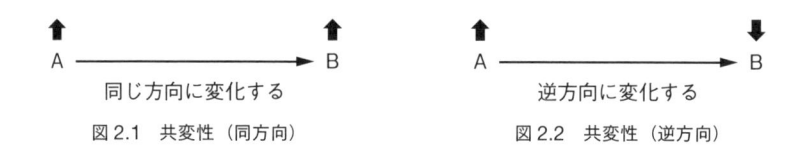

図2.1 共変性（同方向）　　**図2.2 共変性（逆方向）**

ここでは変化の大きさや向きは問題ではなく、また、変化と変化との間に時間的な遅れが存在していても共変性条件は満たしうる。システム・シンキングでは、2変数が同じ方向に変化するか（**図2.1**）、あるいは、逆方向に変化するか（**図2.2**）の二者択一で変数の共変性を定義する。

2.1.2 時間的先行性

時間的先行性とは、変数Bの変化よりも先に変数Aの変化が起きていなければならないという条件である（**図2.3**）。たとえ変数Aと変数Bとが同じ時間軸の中でともに変化する事実（共変性）が観測されたとしても、変数Bの変化よりも後に変数Aの変化が発生している場合には、変数Aの変化が変数Bの変化の原因となっているとはいえない。2つの変数の因果関係を確かめるためには、両者の変化のタイミングを明らかにする必要がある。

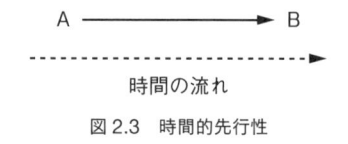

図2.3 時間的先行性

2.1.3 第3の因子の不存在

第3の因子の不存在とは、変数Aと変数Bの双方に同時に影響を与えるほかの変数Cが存在しないことを意味する。たとえば、変数Aと変数Bがともに変化（共変性）し、かつ、変数Aの変化は変数Bの変化より先に発生している（時間的先行性）と仮定する。この場合、じつはAとBには因果関係がない可能性も残されている。つまり、この2つの変数に独立して影響をおよぼす第3の変数Cが存在する可能性である。変数CがAとBそれぞれと因果関係をもち変化を与えていると、AとBに因果関係があるかのように観察されてしまうことがある（**図2.4**）。このような現象を**疑似相関**(Spurious

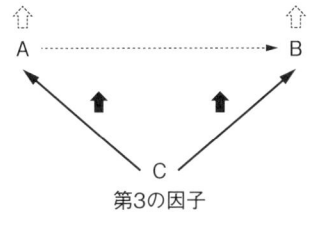

図2.4　第3の因子の存在

correlation）と呼ぶ。変数Cは観測可能な変数である場合もあるが、現実には観測できない**潜在変数**である場合も多く、とくに注意が必要である。

2.2 因果ループ図で用いる2種類の記述ルール

　因果ループ図（causal loop diagram）とは、分析対象を変数という要素に分解し、変数間の因果の連鎖関係を明らかにすることで、システム内に含まれるフィードバック構造を分析するための、図式分析ツールである。因果ループ図を描くために覚えるべき記述ルールは、原則として2種類だけである。ひとつは因果関係を表現する**リンク**（link）、もうひとつはフィードバック構造を表現する**ループ**（loop）である。**図2.5**のAからBへの矢印がリンクであり、AからBへのリンクとBからAへのリンクからなる**図2.6**がループである。

　因果リンクはつねに2変数間の関係性を示すが、因果ループは複数の因果リンクによって構成される。最も単純な因果ループは、2変数どうしを相互に因果リンクで接続したループである（**図2.6**）。ひとつのループの中に何個の変数を含め、何個の因果リンクを接続させるかは、分析対象となるシステムをとらえる抽象度に依存する。より具体的に考えたい場合には、一般に変

図2.5　因果リンク　　　図2.6　因果ループ

数の数やリンクの数は増加するであろう。しかし、変数の数にかかわらず、これら2種類の記述ルールを覚えるだけで、世の中のあらゆる対象をシステムとしてとらえ、その構造を可視化できるようになる。記述ルールが非常に単純であるがゆえに、因果ループ図の適用範囲は広いのである。次節ではまず、因果リンクの記述ルールから覚えていこう。

2.3 因果リンクを覚えよう

　因果リンクには、正の因果リンクと負の因果リンクの2種類がある。2つのリンクの意味と使い分けを理解しよう。

2.3.1 正の因果リンク

　因果関係にある2つの変数A（原因）、B（結果）を考える。**正の因果リンク**（positive causal link）とは、2つの変数間において、ほかのあらゆる条件が同じだと仮定し、変数Aが増加した場合に変数Bも増加し、かつ、変数Aが減少した場合に変数Bも減少する関係をいう。すなわち、変数Aと変数Bが同じ方向に動く関係性である。

　たとえば、預金残高と利子の関係を因果リンクで表してみよう。ただし、利子率は一定と仮定する。一般的に、預金残高が増えるとそれに伴って利子も増え、預金残高が減ると利子も減るので、両者の関係は正の因果リンクで表現できる。この正の因果リンクを可視的に表現したのが、**図2.7**である。預金残高（変数A）と利子（変数B）という2つの変数を矢印で結び、矢印の先に正の因果リンクであることを意味する"＋"の記号を付して表す。

図2.7　正の因果リンク

2.3.2 負の因果リンク

負の因果リンク（negative causal link）とは、2つの変数間において、ほかのあらゆる条件が同じだと仮定し、変数Aが増加した場合には変数Bが減少し、かつ、変数Aが減少した場合には変数Bも増加する関係をいう。すなわち、変数Aと変数Bがそれぞれ逆方向に動く関係性である。

ここでは、需要と価格の関係を因果リンクで表してみよう。経済学の基本に従えば、価格が上昇するとそれに伴って需要は減少し、価格が減少すると需要は上昇するので、負の因果リンクが成立している。これを可視的に表現する際には、**図2.8**のとおり、価格（変数A）と需要（変数B）という2つの変数を矢印で結び、矢印の先に負の因果リンクであることを意味する"ー"の記号を添える。

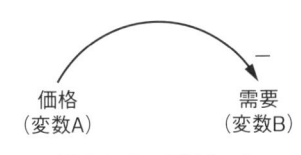

図2.8　負の因果リンク

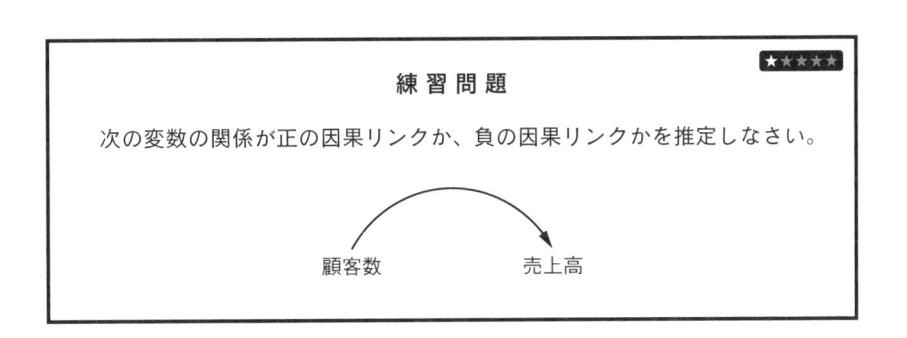

練 習 問 題　★★★★★

次の変数の関係が正の因果リンクか、負の因果リンクかを推定しなさい。

顧客数 → 売上高

☞ **ワンポイント・アドバイス**

2変数の関係性だけに着目し、ほかの条件はすべて一定であると仮定しよう。

【解答・解説】

顧客が増える（減る）と売上高は増える（減る）。因果リンクの推定では、ほかの条件は一定として考えるので、顧客あたり売上高は一定と仮定する。したがって、顧客の数に応じて売上高が増加（減少）する。

練習問題 ★☆☆☆☆

次の変数の関係が正の因果リンクか、負の因果リンクかを推定しなさい。

生産量 → 在庫量

【解答・解説】

生産量が増えると在庫量は増える。たとえば、工場などで生産量を増加させた場合を考える。工場からの配送量は変化しない（ほかの条件は一定）と仮定すると、工場内の在庫量は増加するはずである。

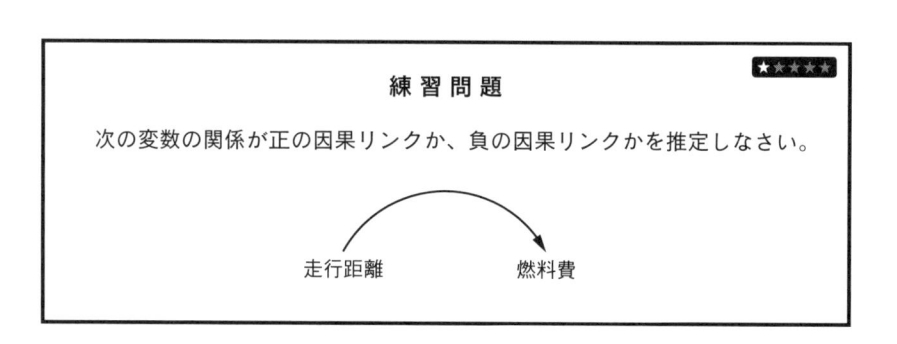

練習問題 ★☆☆☆☆

次の変数の関係が正の因果リンクか、負の因果リンクかを推定しなさい。

走行距離 → 燃料費

【解答・解説】

走行距離が長くなれば燃料費は高くなる。距離あたりの燃費や燃料単価は一定と仮定するため、燃料費は距離に比例して増加する。

練習問題

次の変数の関係が正の因果リンクか、負の因果リンクかを推定しなさい。

税率 → 消費

【解答・解説】

税率が上がると消費は下がる。経済の一般原則である。消費税増税のタイミングで政府がさまざまな景気対策を打ち出すのは、この関係を考慮してのことである。

練習問題

次の変数の関係が正の因果リンクか、負の因果リンクかを推定しなさい。

PCの性能 → PCの価格

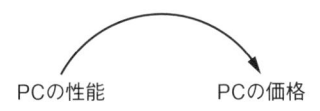

【解答・解説】

PCの性能が高くなるとPCの価格が上がる。同じメーカーが同時期に発売したPCであれば、高スペックマシンの価格は低スペックマシンよりも高くなるはずである。

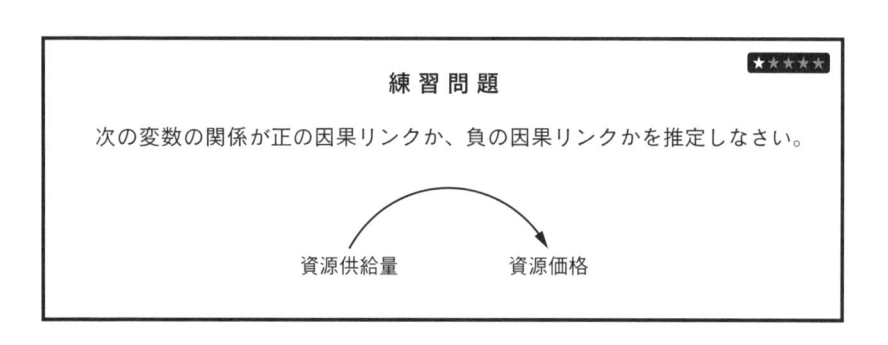

練習問題 ★★★★★

次の変数の関係が正の因果リンクか、負の因果リンクかを推定しなさい。

資源供給量 → 資源価格

【解答・解説】

資源供給量が増えると資源価格は下がる。資源に対する需要は一定と仮定するため、供給者間に価格競争が起こると考えられるからである。

2.3.3 曖昧な因果関係をどう扱うか

ここで、**図2.9**に示すように学習時間と効率という2つの変数の関係を考えてみてほしい。これらの関係性を表現するのに適当なのは正の因果リンクだろうか、それとも、負の因果リンクだろうか。

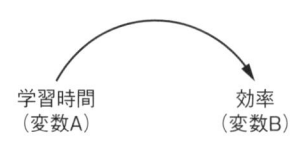

学習時間（変数A） → 効率（変数B）

図2.9　曖昧な因果関係の推定

結論からいうと、この2つの変数の関係は正の因果リンクであるとも負の因果リンクであるともいえる。見方によってリンクの推定が異なるのである。たとえば、学習を開始して間もない頃は基礎知識も乏しく効率は低いが、時間の経過とともに経験を積み重ねてスキルが向上し、効率が高くなる可能性を指摘できる。これを**学習効果**（learning effect）と呼ぶ。この場合、正の因果リンクとするのが妥当だろう。一方、同一人物が同じ分野の学習に長時間従事すると疲労が蓄積し、やがて効率が低下する可能性も指摘できる。この場合、負の因果リンクとするのが妥当だろう。したがって、学習時間と効率との関係は正の因果リンクとも負の因果リンクともいえるのである。

　このような曖昧な因果関係が存在する場合、どのような時間軸で分析対象をとらえるのかをまず考える必要がある。単純な業務を想定するならば、開始直後には低かった効率が数時間後には習熟して効率が上がる現象が観察でき、また、作業完了直前になると疲労が蓄積し効率が下がる現象が観察できるであろう。この場合、時間軸の前半には正の因果リンクと推定でき、後半には負の因果リンクと推定できる。どの期間を考えるかによって、因果リンクの推定結果が異なるのである。さらに、複雑で高度な業務を想定するならば、学習効果が現れるのは、もしかすると数年先になるかもしれない。この場合、短期的視野でシステムを分析するならば、正の因果リンクとは推定できないであろう。曖昧な因果関係に遭遇した場合、時間軸を意識する習慣をつけてほしい。

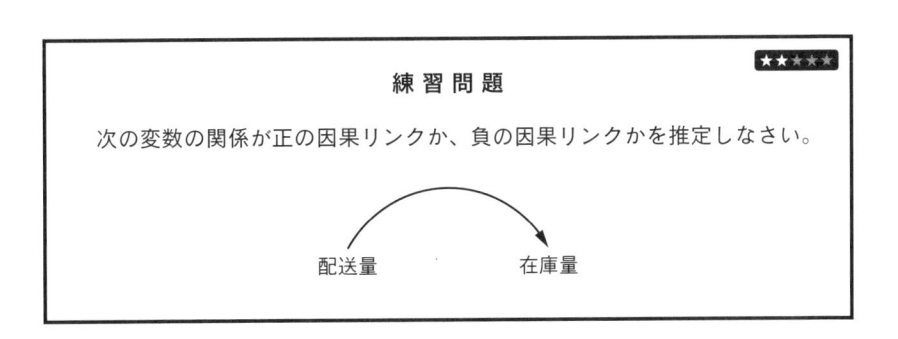

練習問題　★★☆☆☆

次の変数の関係が正の因果リンクか、負の因果リンクかを推定しなさい。

配送量 → 在庫量

【解答・解説】

　この問題は、一見すると負の因果関係と推定できる。しかし、見方によっては正の因果関係とも推定できる。問題は、どの段階における誰の在庫を議論しているのか明らかになっていないことである。もし、在庫が工場における在庫量であり、配送は工場から顧客への配送であれば、配送量が増えれば在庫量は減るので、負の因果リンクと推定される。しかし、もし在庫が顧客の倉庫における在庫量であるとするならば、顧客への配送によって在庫量は増えることになり、正の因果リンクと推定されるのである。因果リンクの推定では、まず変数の意味を正確に把握することがきわめて重要である。

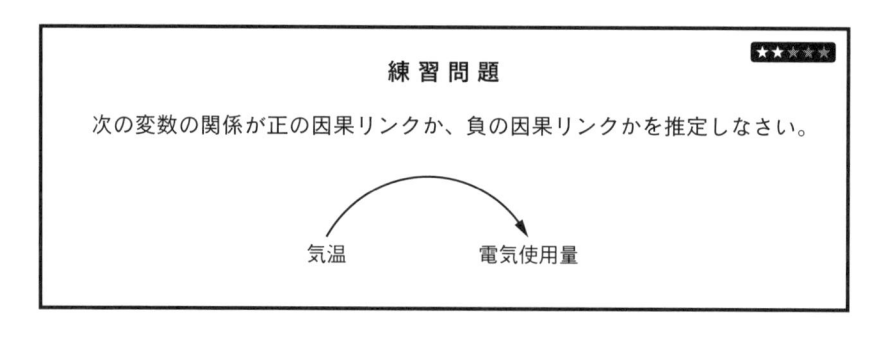

【練習問題】 ★★☆☆☆

次の変数の関係が正の因果リンクか、負の因果リンクかを推定しなさい。

気温　→　電気使用量

【解答・解説】

　この問題に正の因果リンクと解答した人は、おそらく夏をイメージしたのではないだろうか。一方、負の因果リンクと解答した人は、冬をイメージしたはずである。どちらも正しい。すなわち、この問題は前提条件を明らかにしないと、解答がひとつに絞れないのである。夏に気温が上がれば冷房を強めるので、電気使用量は一般に上がるであろう。しかし、冬に気温が上がれば暖房を切るので、電気使用量は下がるはずである。逆に冬は気温が下がると電気の使用量は増加するであろう。因果リンクの推定の際にはまず前提条件を分析する、という習慣を身につけよう。

> **練習問題** ★☆☆☆☆
>
> 次の変数の関係が正の因果リンクか、負の因果リンクかを推定しなさい。
>
> 年齢 → 記憶力

【解答・解説】

通常、年齢が上がれば記憶力は下がるといわれている。したがって、負の因果リンクであると解答して、間違いはないのかもしれない。しかし、仮に生まれて間もない頃から幼年期までの期間を考えた場合はどうだろうか。年齢が上がるに従って、子どもが覚えられる情報量は増加するはずである。やがて、青年期を過ぎたあたりから年齢の上昇とともに記憶力が低下するようになると考えるのが妥当であろう。よって、この因果リンクは、時間軸によって正か負の妥当性が分かれる。時間軸も意識しながら因果リンクの判断をしてほしい。

2.4 因果ループを覚えよう

複数の変数を因果リンクでつなげていくと、システム内におけるフィードバックがループ構造（因果ループ）として出現する場合がある。このループには、自己強化型とバランス型の2種類がある。2つの違いや見分け方を学んでいこう。

2.4.1 自己強化型ループ

自己強化型ループ（reinforcing loop）は、フィードバック作用によりシス

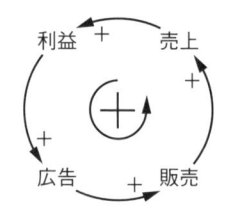

図 2.10 自己強化型ループ (reinforcing loop)

テムを次第に拡大へと向かわせるループである。すなわち、システムに変化をもたらす。このタイプのループは、その内部に存在する変数の因果関係が、すべて正の因果リンクの場合か、または、偶数個の負の因果リンクを含む場合に構成される。**正のフィードバックループ** (positive feedback loop) と呼ぶこともある。

再び、企業が売り上げ拡大のためにおこなう事例を考えてみよう。変数としては、売上、利益、広告、販売の4つを考える。一般的に考えると、売上が上がると利益も上がり、利益が上がると広告も増え、広告が増えると販売も増え、販売が増えると売上は上がる（**図2.10**）。すなわち、このシステムを構成する因果リンクはすべて正なので、これは自己強化型ループと判断できる。

2.4.2 バランス型ループ

バランス型ループ (balancing loop) は、フィードバック作用によりシステムを次第に収束へと向かわせるループである。すなわち、システムに安定をもたらす。このループは、その内部に奇数個の負の因果リンクが存在する場合に構成される。また、**負のフィードバックループ** (negative feedback loop) と呼ぶこともある。

2.4.1項と同じように、企業が売り上げ拡大のためにおこなう広告の効果をシステムとして考えてみよう。広告の増加は費用の増加でもあるため、当然利益は減少する。利益が上がると広告も増やすことができるが、広告を増やすと費用も増え、費用が増えると利益は圧縮される。広告には販売増加という作用と同時に、費用増加という副作用も存在するのである。この広告の副作用を因果ループ図として表現すると、**図2.11**のようになる。**図2.10**で

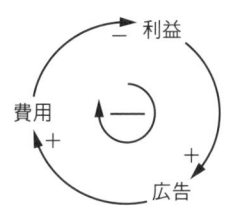

図 2.11　バランス型ループ（balancing loop）

はシステムの内部に奇数個の負の因果リンクが存在するので、このループはバランス型ループと判断できる。

練 習 問 題　★★★★★

次のループ図について、まず変数の関係が正の因果リンクか、負の因果リンクかを推定して図に記入しなさい。そのうえで、ループが自己強化型ループか、バランス型ループかを推定しなさい。

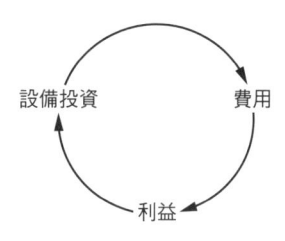

☞ **ワンポイント・アドバイス**

因果リンクの正負を推定する際は、ループ内のほかの変数の影響はいっさい考慮せず、2変数の関係性だけに着目して考えるとわかりやすい。

【解 答・解 説】

設備投資を増やせば費用は上がる（正の因果リンク）。費用が上がると利益は下がる（負の因果リンク）。売上は一定と仮定するためである。利益が増える

と設備投資に回す資金的余裕が出て、設備投資は増える（正の因果リンク）。
よって、負の因果リンクの数が1個であるため、バランス型ループである。

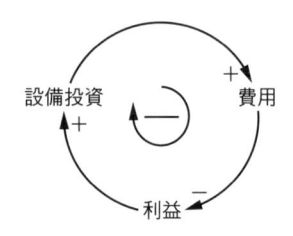

```
          ＋
  設備投資 ←―― 費用
      ↑   ―    ↑
      ＋        ―
         利益
```

練習問題　★★☆☆☆

次のループ図について、まず変数の関係が正の因果リンクか、負の因果リンクかを推定して図に記入しなさい。そのうえで、ループが自己強化型ループか、バランス型ループかを推定しなさい。

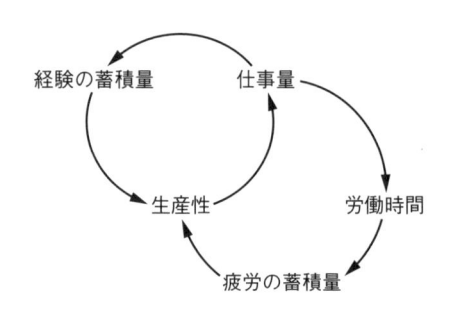

```
  経験の蓄積量 ←―― 仕事量
       ↓              ↓
     生産性         労働時間
       ↑              ↓
       ←―― 疲労の蓄積量
```

【解答・解説】

まず左上のループから考えよう。仕事量が増えると経験の蓄積量は増える（正の因果リンク）。経験の蓄積量が増えると生産性は高まる（正の因果リンク）。生産性が高まると一定時間内に処理可能な仕事量は増える（正の因果リンク）。

よって、左上はすべてが正の因果リンクであるから自己強化型ループである。では、右下のループはどうだろうか。同じく仕事量からスタートしよう。仕事量が増えると労働時間は増える（正の因果リンク）。労働時間が増えると疲労の蓄積量は増える（正の因果リンク）。疲労の蓄積量が増えると生産性は低下する（負の因果リンク）。よって、負の因果リンクが奇数個（1個）であり、バランス型ループと判断できる。このシステムは、自己強化型ループとバランス型ループとが相互作用している状態である。

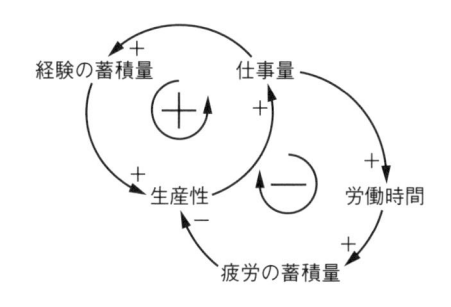

経験の蓄積量　仕事量　労働時間　疲労の蓄積量　生産性

（図：自己強化型ループとバランス型ループの相互作用）

2.4.3 自己強化型ループとバランス型ループの見分け方

　自己強化型ループとバランス型ループを見分ける簡易な方法としては、ループ内に存在する負の因果リンクの数が偶数個か奇数個かによって識別する方法がある。その他のより厳密な見分け方としては、因果リンクをひとつずつ順にたどっていき、最終的に同じ方向に動くか、逆方向に動くかで識別することもできる。

　負の因果リンクが含まれているにもかかわらず自己強化型のループになることが感覚的に理解できない人もいるので、ここで若干の説明を加えておこう。変数A、変数B、変数Cという3種類の変数が存在し、変数Aと変数Bの間に負の因果リンクが、同様に、変数Bと変数Cとの間にも負の因果リンクが存在する状況を考える。これを図で表すと **図2.12** のようになる。ここで、変数Aと変数Bは負の因果リンクで接続されるので、変数Aが上がれば変数Bは下がる。また、変数Bと変数Cも負の因果リンクで接続されるため、B

```
     ↑          ↑
     A ――−→ B ――−→ C
```

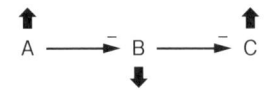

図2.12　負の因果リンクが2個ある場合

```
     ↑                    ↑
     A ――――――――→+ C
```

図2.13　正の因果リンクと見なすことができる

が下がればCは上がる。

　ここで変数Aと変数Cの関係にのみ着目すると、変数Bを一度介する形で、変数Aが上がれば変数Cも上がるという正の因果リンクが成立していることに気づいただろうか（**図2.13**）。ひとつのループに含まれる偶数個の負の因果リンクを正の因果リンクと見なすことができるのは、このためである。したがって、偶数個の負の因果リンクが存在するループが、自己強化型フィードバックループになるのである。

2.4.4　マルチループシステム

　実際のビジネスや社会問題では、複数のフィードバックループが相互作用しながら、システム全体が複雑な振る舞いを示すことが多い。また、システムを構成する複数のループのうち、つねに同じループが最も強く作用するとは限らない。複数のループが、時間の経過とともにその強さを変えながら、動的に変化していくのである。

　前述した広告の例でも、複数のループが存在していた。**図1.11**のループ図を簡略化したループ図を**図2.14**に示す。すなわち、広告による顧客基盤

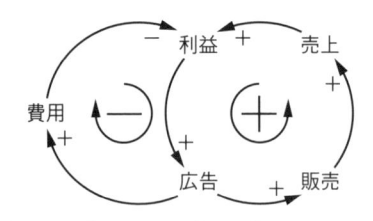

```
          −利益  +  売上
                       +
    費用  ( − )  ( + )
      +         +      
           広告  +  販売
```

図2.14　自己強化型ループとバランス型ループからなるマルチループシステム

獲得という自己強化型のループと、広告費用増大による利益減少というバランス型のループである。この2つのループが相互に作用し、システムの振る舞いに関する理解をより難しくしている。広告を出すことによって利益がどのように変化するかという問いは、つまり、自己強化型ループとバランス型ループのどちらがより強く作用するかという問題に帰結する。その答えは、考える時間軸によっても異なるだろう。新製品が発売されて間もない時期であれば、広告による販売増加のほうが強く作用するであろうし、販売開始から長期間経過した後であれば、広告としての効果は小さくなり、やがて広告による費用増加のほうが強く作用するであろう。

したがって、どのフィードバックがシステム内で支配的かを見きわめるうえでは、どのタイミングに注目するかが重要になる。因果ループ図を用いて変数間の因果関係やフィードバック構造を分析していくことで、システムの将来を大局的に推測することが可能になる。

練習問題

出生者数、人口、死亡者数の3種類の異なる変数がある。この3つの変数の関係性を念頭に置きつつ、時間の経過とともに人口がどのように変化していくかを説明しなさい。

☞ ワンポイントアドバイス

いきなり3変数の関係性を考えるのではなく、まずは2変数のみを取り出してその関係性を考えてみよう。たとえば、出生者数と人口とはどのような関係にあるだろうか。次に、人口と死亡者数とはどのような関係にあるだろうか。

【解答・解説】

ある地域で出生者数が増えれば、人口が増える。さらに、人口が増えると子どもを産む人の数も増えるので、出生者数が増える。時間の経過とともに

変化する動的な関係性を表現したのが、**図2.15**の左側のループである。

一方、人口が増えるということは、数十年後に死亡者数も増えることを意味する。そして、死亡者数が増えることで、やがて人口は減少する。この関係性を表現したのが**図2.15**の右側のループである。

人口は、この2種類のフィードバックループが相互作用する形で変化していく。すなわち、自己強化型ループがシステム内で強く作用している間は人口が増加傾向を示し、逆に、バランス型ループがより強く作用し始めると人口は減少傾向に転じる。このように相互依存性のあるシステムの動的な変化を定性的に分析するツールが、因果ループ図である。

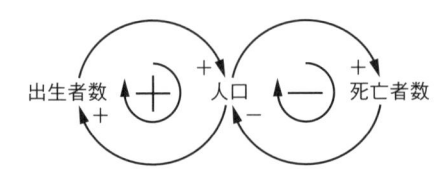

図2.15　出生者数・人口・死亡者数の関係を表す因果ループ図

2.5 効果的な因果ループ図を描くためのポイント

初心者が因果ループ図をいきなり描き始めると、変数が多くて混乱する、複数のリンクが交錯して関係性がよくわからない、ループがどこにも見つからない、といった問題に直面することが多い。記述のルールを十分に学んだあとは、視覚的に見やすく、理解しやすいループを描くためのポイントをいくつか紹介しよう。

2.5.1 因果リンクは直線ではなく、カーブした線で描く

変数と変数との関係性を見きわめたうえで因果リンクを記述する際には、直線（**図2.16左**）ではなく、カーブした線（**図2.16右**）を用いるようにする。これは、システムの内部のループを発見しやすくするためである。また、カー

変数A ──────▶ 変数B　　　変数A ⌒▶ 変数B
　　　悪い例　　　　　　　　　　　よい例

図2.16　因果リンクは曲線で描く

ブした線を用いることで、作成者もループ構造を念頭に置いた変数の配置をおこなうようになる。単純なことのようだが、意外に効果は大きい。

2.5.2 因果の飛躍を避ける

　変数と変数を因果リンクで接続して違和感を抱いたら、論理的な飛躍がないかを確認しよう。因果ループ図の作成者は関係性を十分に理解しているつもりでも、図を初めて見る者には理解が難しい因果関係が、リンクとして接続されている例は多い。

　たとえば、**図2.17左**のように顧客数と製品価格の間には因果関係がありそうだが、論理的つながりがやや理解しにくい。このような場合には、**図2.17右**のように、2つの変数の間に生産量という変数を介在させるとよい。すなわち、顧客数が増えると生産量が増大し、時間の経過とともに生産の経験が蓄積され[1]、やがて生産コストの低下、ひいては製品価格の低下に結びつくという関係性をよりわかりやすく、論理的に説明できる。理解しやすいつながりを記述し、因果関係を明確にすることが重要である。

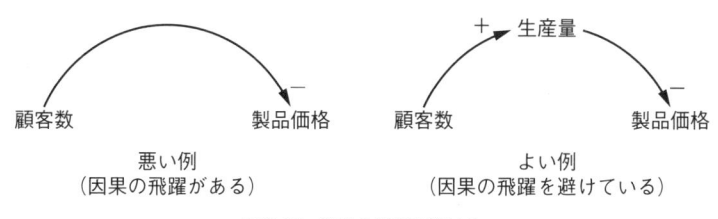

顧客数 ⌒▶ 製品価格 −　　　顧客数 ⌒＋ 生産量 ⌒▶ 製品価格 −

悪い例　　　　　　　　　　　　よい例
（因果の飛躍がある）　　　　　（因果の飛躍を避けている）

図2.17　因果の飛躍を避ける

---

[1] 経験は、個人の活動としては一時的なものであるが、そこから学んだ知恵やノウハウは消費されず個人に蓄積され、時間の経過とともにより効率的に作業ができるようになるという考え方。

2.5.3 遅れを記述する

　システムのコントロールにおいて遅れが重大な影響を与えることは、先に述べた。したがって、因果ループ図でこの遅れを明示的に表現するのは重要である。因果ループ図で遅れを表現するには、それが存在するリンクの中央に矢印を横切る二重線を配置するのが一般的である。たとえば、価格が上がれば需要は下がるが、これらが同時に発生することはなく、時間的な遅れを伴って発生する。したがって、この2つの因果リンクは**図2.18**のように描ける。このような重大な遅れの認識は、システムの振る舞いの理解に必要不可欠であり、因果ループ図において明示することが望ましい。

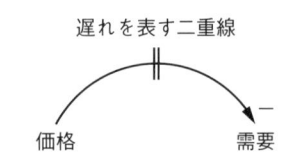

図2.18　因果リンクにおける遅れを記述する

2.5.4 因果ループ図は円形または楕円形で描く

　システム内の因果リンクを見きわめたうえで因果ループ図を記述する際には、直線的なリンクで接続した多角形のループ(**図2.19左**)ではなく、円形または楕円形のループ(**図2.19右**)を描くようにする。これも、システム内部のループを発見しやすくするための工夫である。

　また、できるだけ線が交差しないように描くことを心がけよう。変数の数が増えてくると、さまざまな変数を相互に接続したいという欲求が強くなり、やがて麺が絡み合ったスパゲティーのような状態になってしまうことが多

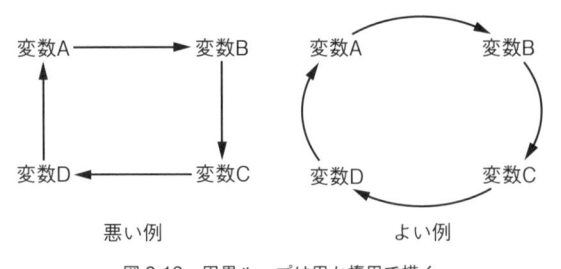

図2.19　因果ループは円か楕円で描く

い。これは、わかりやすい因果ループ図とはいえない。読む者が理解できない因果ループ図にまったく価値がないので、可能な限り簡素な状態を保つように心がけるべきである。そのためには、ひとつの因果ループ図の中にすべてを詰め込まない勇気が重要である。システム全体をひとつの図で表現したいという欲求を抑えよう。代わりに、サブシステムごとに小さな因果ループ図を描き、最後にサブシステムを統合するマクロレベルでの因果ループ図を描くことで十分対処できる。

2.5.5 ループに適切な名前をつける

因果ループ図に含まれるループは、作成者にとっては自明のフィードバック構造であっても、それを初めて目にする者にとっては直観的理解が難しいこともある。この場合には、ループ自体にそのフィードバックの特徴を表すような名前を付与するとよい。

図2.20の例は、企業のブランド投資を因果ループ図で示したものである。ブランド投資が増えると製品認知度が上がり、顧客数が増えてやがて売上高が増加する。この自己強化型ループを「顧客増加ループ」と名づけている。一方で、ブランド投資をおこなうと製品のブランド価値が上がり、強気の価格設定でも製品が売れるようになり、売上高が増加する。販売単価が上昇するこちらの自己強化型ループを「価格プレミアループ」と名づけている。このように、各ループの特徴を表す名前を表示することで、因果ループ図を読む者の直観的理解を促進させる効果が期待できる。

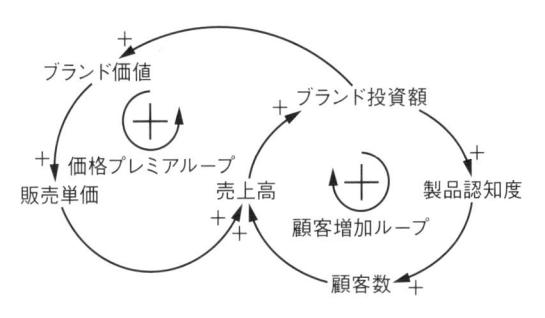

図 2.20　因果ループに適切な名前をつける

Column ❹

システムの運用のセンス

　筆者は宇宙機関で勤務した経験があるが、宇宙開発はチームプレーが不可欠な領域である。対象とするシステムは大規模かつ複雑で、不確実性も高い。軌道上の宇宙機は原則として遠隔操作しかできず[2]、また、二度と地上で修理できないため[3]、システムの信頼性、冗長性、堅牢性が求められる。システムに対する要求を漏れなく分析・抽出し、曖昧性を除去して定義し、かつトレーサビリティーを確保するために、要求工学(requirement engineering)やシステム工学(systems engineering)などの手法が用いられる。

　しかし、国際宇宙ステーション(International Space Station)のような巨大かつ複雑なシステムでは、不具合対応の手順が確立されていない部分も多い。したがって、システムを運用する担当者や宇宙飛行士の能力が問われる。宇宙航空研究開発機構(JAXA)の若田光一宇宙飛行士は、宇宙飛行士が身につけるべき能力として「運用のセンス(operation skills)」の重要性を指摘し、次のように述べている。

"一つのシステムを使ってある作業をするとき、あらゆる状況を想定し、合理的かつ柔軟な思考で、どんな事態が発生しても「安全」で「確実」にそして「効率よく」目的を達成しなくてはならない。この能力は、同じシステムを使って同じ作業をしても、個人個人によって大きく違ってくる。この能力を、私は「運用のセンス」と呼んでいる。「運用」にはシステムの能力をフルにいかして安全、確実に作業を行うことが要求され、より良い運用を行う能力が「運用のセンス」なのだ。"
(若田光一 『国際宇宙ステーションとは何か』 講談社、p.120 より抜

2　宇宙飛行士の船外活動により直接的に作業、修理などをおこなう場合もある。
3　過去に1回、スペースシャトルで故障した人工衛星を地球に持ち帰り、修理して再び打ち上げた事例もある。

粋）

　システムの能力をフルに発揮させるためには、当然システムを正しく理解していることが大前提である。システム・シンキングは、システムを正しく理解するために不可欠な思考技法である。加えて、極限の作業環境下においてもチームとしてミッションを遂行するため、宇宙飛行士はSpace Flight Resource Management（SFRM）と呼ばれる特殊な訓練プログラムを受ける。興味のある方は下記の参考文献を読んでみてほしい。若田宇宙飛行士のシステム運用のセンスは、彼の卓越した能力に加え、数々の厳しい訓練を通じて培われたものであろう。

［参考文献］
林　公代(2014)　『宇宙飛行士の仕事力』　日本経済新聞出版社.
古川　聡(2013)　『宇宙飛行士に学ぶ心の鍛え方』　マイナビ.
柳川孝二(2015)　『宇宙飛行士という仕事　―選抜試験からミッションの全容まで』　中央公論新社.
山口孝夫，JAXA編(2014)　『生命を預かる人になる！』　ビジネス社.
若田光一(2009)　『国際宇宙ステーションとはなにか　―仕組みと宇宙飛行士の仕事』　講談社.

2.5.6 他人と議論する

　因果ループ図とは、それを作成した者のシステムに対する見方を可視的に表現したものである。したがって、結果に表れているのは真実としてのシステムの構造ではなく、作成者の理解しているシステムの構造にすぎない。複数人で同じテーマの因果ループ図を描いた場合、描く人によって驚くほど異なる図ができあがることがある。これは、各関係者が問題構造に対してまったく異なる認識をしている証でもある。

　複数のメンバーで問題解決に挑む場合、他人と議論することで、自分で考えたときには気づかなかった、隠れた変数の存在に気づかされることも多い。プロジェクトの初期段階で因果ループ図の作成をすることが望ましいのは、まさにこの認識の違いを浮き彫りにし、早いうちに関係者間ですり合わせをすることが可能になるからである。

2.5.7 何度も描きなおす

　一度限りの挑戦で完璧な因果ループ図ができあがることはほとんどない。他人と議論しつつ、足りない変数を追加し、あるいは、余分な変数を除外することで、徐々にシステムの本質的な構造を明らかにしてゆくのがシステム・シンキングである。したがって、繰り返し何度も描きなおすことが因果ループ図の質を高めることにつながり、結果として問題解決の質とスピードを改善できるはずだ。

2.6 本章のまとめ

　本章では、システム・シンキングで用いる分析ツールとして、因果ループ図の基本となるテクニックを学んだ。覚える記述ルールは2種類のみで、ひとつは因果関係を表現するリンク、もうひとつはフィードバック構造を表すループである。2種類の記述ルールを覚えるだけで、世の中のあらゆる対象をシステムとして表現できる。企業や市場、都市や国家、自然環境や生態系にいたるまで、世の中のあらゆる対象を構成要素に分解し、要素と要素との

つながりを可視的に分析しながら、問題が生み出される根本原因、効果的な対応策とその結果、さらには、望まない副作用までも事前に予測することが可能になる。さらに、因果ループ図の描き方をグループ全体で共有することで、メンバー間での問題に対するとらえ方の相違が明らかとなり、迅速かつ効率的な問題解決に貢献できる。ただし、グループ全体で因果ループ図を共有する場合、いくつか守るべきルールがあることも、アドバイスとして本章で紹介した。

　次章では、システム・シンキングを適用した問題解決プロセスについて、実例を交えながら学んでいこう。

第 2 章
習熟度確認テスト

1 因果とは何か？ 説明しなさい。

2 因果関係を推定するための3つの条件を挙げなさい。

3 因果ループ図とは何か？ 説明しなさい。

4 因果ループ図で用いる2種類の記述ルールを挙げなさい。

5 因果ループ図で用いる2種類の因果リンクを挙げなさい。

6 因果ループ図において、変数と変数とを結んだ矢印の先端に表示されている＋記号は何を意味するか？ 答えなさい。

7 因果ループ図において、変数と変数とを結んだ矢印の先端に表示されている－記号は何を意味するか？ 答えなさい。

8 因果ループ図において、変数と変数とを結んだ矢印の中央部に表示されている2本の線は何を意味するか？ 答えなさい。

9 疑似相関とは何か？ 簡単に説明しなさい。

10 因果ループ図で用いる2種類の因果ループを挙げなさい。

11 曖昧な因果リンクを推定する場合、何に着目すればよいか述べなさい。

12 次の因果ループ図について、まず変数の関係が正の因果リンクか、負の因果リンクかを推定して図に記入しなさい。そのうえで、各ループが自己強化型ループか、バランス型ループかを推定しなさい。

累積生産量　市場シェア

生産単価　コスト競争力

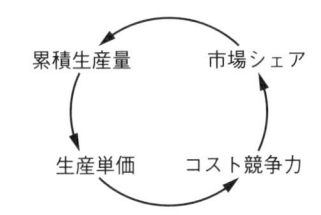

13 次の因果ループ図について、まず変数の関係が正の因果リンクか、負の因果リンクかを推定して図に記入しなさい。そのうえで、各ループが自己強化型ループか、バランス型ループかを推定しなさい。

入園者数　収入

待ち時間　アトラクションへの投資

アトラクションの魅力

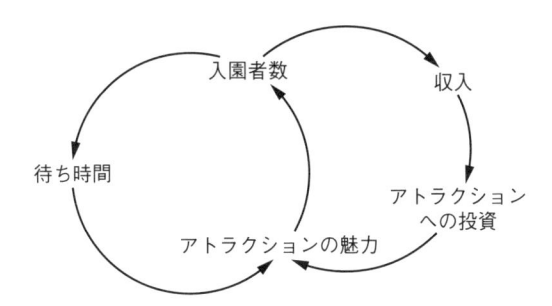

14 因果ループ図の中にある各ループに名前をつけるのはなんのためか？　説明しなさい。

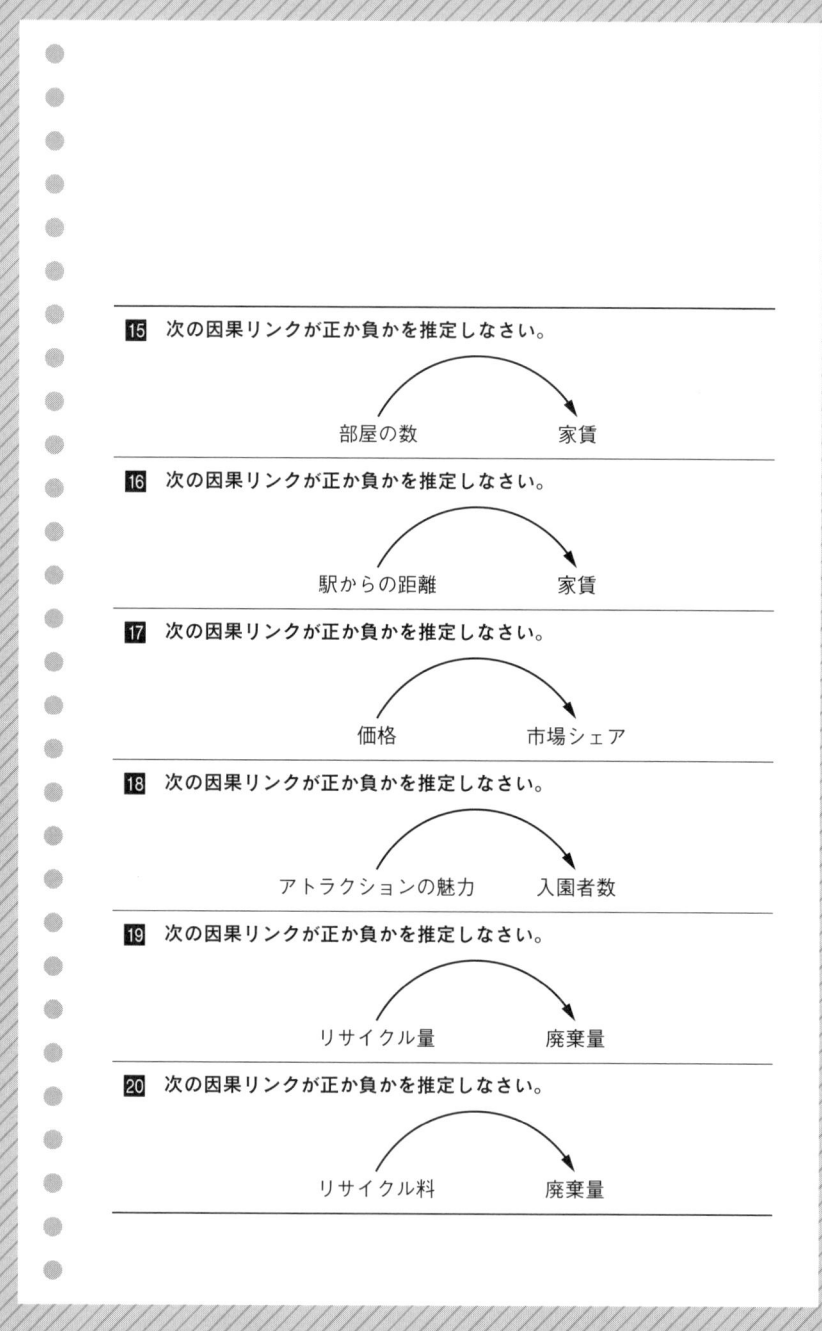

15 次の因果リンクが正か負かを推定しなさい。

部屋の数 → 家賃

16 次の因果リンクが正か負かを推定しなさい。

駅からの距離 → 家賃

17 次の因果リンクが正か負かを推定しなさい。

価格 → 市場シェア

18 次の因果リンクが正か負かを推定しなさい。

アトラクションの魅力 → 入園者数

19 次の因果リンクが正か負かを推定しなさい。

リサイクル量 → 廃棄量

20 次の因果リンクが正か負かを推定しなさい。

リサイクル料 → 廃棄量

第 3 章 —— 応用編

問題解決への具体的適用のプロセスを学ぼう

　本章では、システム・シンキングを実際の問題解決に適用するプロセスについて学ぶ。世の中にはさまざまな思考技法が存在し、それぞれに長所と短所がある。システム・シンキングを適用する際も、思考技法としての長所と短所を十分に認識したうえで、正しいプロセスで用いることが問題解決のスピードと品質の向上につながる。最初に問題解決とは何かを定義したうえで、システム・シンキングを適用する際の具体的な流れを解説する。

3.1 問題解決とは何か

真の要求は何か

　一般に**問題解決**とは、「現状に潜む問題を発見し、それに対する解決策を立案し、実行する一連のプロセス」と定義できる。問題解決において最も重要なのは、解決すべき問題をどのようにとらえるか、ということに尽きる。いわゆる、**問題定義**である。たとえば、1.2.4項で扱ったゴミ問題の例において、問題を自分の家の周りに限定して定義するならば、カラス対策の目玉の設置は妥当な解決策である。しかし、問題範囲を見直して地域におけるゴミ対策まで考慮に入れるとすれば、自分の家だけに目玉を設置することは妥当とはいえない解決策である。このように、問題のとらえ方によって解決策の妥当性は変化する。最初に問題をどのようにとらえるかがきわめて重要となる。

十分に単純な問題であれば、その解決に必要な要求（requirement）を簡単に定義できる。しかし、大規模かつ複雑なシステムにかかわる問題を解決しようとすれば、その要求を定義すること自体が困難な作業となる。そのようなシステムの場合、利害を有するステークホルダーの数がきわめて多いためである。したがって、問題を構成要素に分解し、その構成要素間の関係性を分析し、問題を生み出しているメカニズムを明らかにしたうえで、問題の根本原因に対して策を講じる必要がある。システム・シンキングを適用する目的は、この要素間の関係性を可視的に分析し、問題に対する理解を十分に深め、問題解決に向けた真の要求を明らかにすることにある。

2種類の問題と妥当な解決策

　問題には「現象としての問題」と「原因としての問題」の2種類がある。われわれが通常目にするのは、現象としての問題にすぎない。一方の原因としての問題とは、現象としての問題を生み出す要因となっている根本的な"何か"である。真の要求は原因としての問題から抽出されることが多いが、適切な手法を用いて分析しなければ発見することが難しい。

　問題とその問題に対する認識の関係は、海に浮かぶ氷山にたとえられる（図3.1）。いわゆる、氷山モデルである。通常、われわれが直接視認できる範囲は海面上の氷の塊であるが、海面下には目に見えるよりはるかに大きな氷塊

図3.1　氷山モデル

が存在し、この氷塊こそが氷山の土台をなしている。氷山が現象としての問題であるなら、この海面下にある大きな氷塊こそが原因としての問題である。当然、海面下に潜水をしなければ原因に遭遇することはできない。

　原因としての問題にアプローチすることなく解決策を議論すれば、妥当性のない解決策の立案となってしまう可能性が高い。そのような解決策が計画に従って正しく実行されたとしても、問題現象はまったく解決されない。問題に対する正しい理解がないまま問題を解決しようとすることは、危険かつ非効率な行為であるといえよう。正しいことを実行することと、正しく実行することは、似て非なる概念なのである。（コラム⑨参照）

3.2 システム・シンキングを用いた問題解決へのアプローチ

　システム・シンキングは非常に効果的な思考技法であるが、慣れない段階では、具体的な問題に対してどのようにアプローチしてよいか迷うだろう。そのような場合には、①時間軸分析、②ステークホルダー分析、③変数抽出、④因果分析、⑤仮説構築の5段階のプロセスに従って適用することを勧める（**図3.2**）。

　問題解決のためのシステム・シンキングの適用では、時間軸分析をおこなったうえでステークホルダー分析を実施し、全体を俯瞰しながら、問題現象のどの範囲を分析対象とするかを問題解決の初期段階で必ず定義する。次に、分析対象を構成する要素としての変数を抽出する。要素としての変数が十分に抽出されたら、変数間の因果関係を分析する。そして、因果の連鎖をつなぎ合わせて統合していくことで、分析対象に潜むフィードバック構造を因果ループ図として可視化する。完成した因果ループ図にもとづいてシステムの

時間軸分析 ▸ ステークホルダー分析 ▸ 変数抽出 ▸ 因果分析 ▸ 仮説構築

図3.2　システム・シンキングの進め方

特徴的な構造を理解し、構造から推定されるシステムの特徴的な振る舞い（1.4節参照）を予測し、問題発生メカニズムに対する仮説を構築する。この先では、各プロセスについてくわしく見ていこう。

3.2.1 時間軸分析

第一のプロセスは**時間軸分析**であり、問題の時間的範囲を検討する。時間的範囲とは、問題現象を理解するために必要な時間の長さである。これは、理解するための所用時間という意味ではなく、問題現象を理解するためにはどのくらいの長さの時間軸を念頭に置かなければならないか、という意味である。たとえば、小売業における売上減少を理解するために必要な長さは、おそらく数週間から数ヶ月程度であろう。一方、地球温暖化に関する現象を正しく理解するためには、少なくとも数十年間、あるいは、百年単位の気候変動を分析しなければならないはずである。したがって、問題現象に応じて、その問題の本質を理解するために必要な時間の長さを考える必要がある。

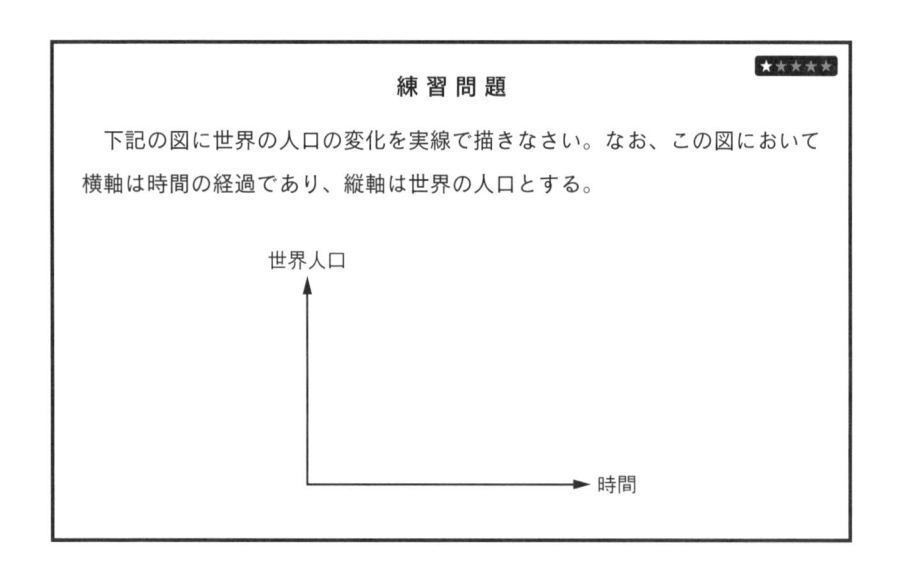

練 習 問 題 ★★★★★

下記の図に世界の人口の変化を実線で描きなさい。なお、この図において横軸は時間の経過であり、縦軸は世界の人口とする。

（縦軸：世界人口／横軸：時間）

【 解 答・解 説 】

　AさんとBさんの2人がこの問題を議論していると仮定しよう。このとき、Aさんがイメージした人口の変化は**図3.3**のとおりであった。横軸は時間の経過、縦軸は世界の人口である。この図は、Aさんが50年前から50年先までの継続的な人口増加（**図3.5**）を問題としてとらえていることを示唆している。一方、Bさんがイメージした人口の変化は**図3.4**であった。この図は、Bさんが過去数千年の歴史を俯瞰したうえで、産業革命以降の急激な人口増加（**図3.6**）を問題としてとらえていることを示唆している。人口問題という同じテーマであっても、時間軸のとり方によってとらえる問題に大きな違いが生じることがわかるであろう。

　問題定義においてまず時間軸を考えるのは、問題解決に挑むメンバー間でこのような問題認識の違いを生むリスクを極力小さくするためである。したがって、第一のプロセスとして時間軸分析を実施することが望ましい。

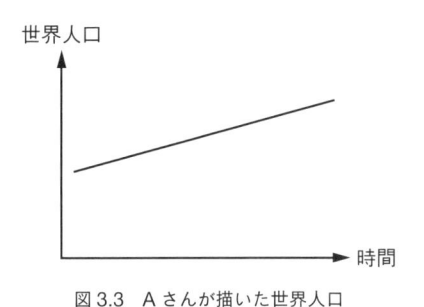

図3.3　Aさんが描いた世界人口

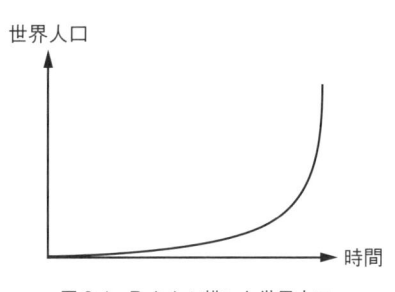

図3.4　Bさんが描いた世界人口

図3.5　世界人口の変化（1950-2050年）

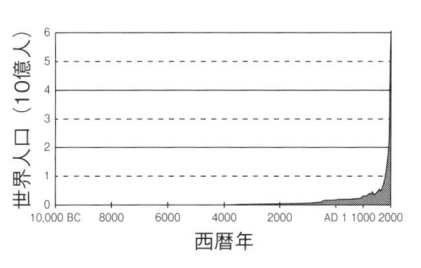

図3.6　世界人口の変化（B.C-A.D）

レファレンスモード

　時間軸分析を実践するうえで、**図3.7**のように時間(横軸)と変数(縦軸)の2軸図を作成し、5W1H法を用いて、変数の時系列での変化を可視化しながら議論をおこなうと効果的である。システム・シンキングでは、このような図を**レファレンスモード**(reference mode)と呼ぶ。レファレンスモードは、システムの振る舞い(ここでは、ある変数の時系列での変化パターン)に対する個人の認識の違いを把握する目的で利用できる。

　レファレンスモードの作成では、誰の視点(Who)で、何を見ているか(What)をまず設定する。次に、問題に関連するある変数について、過去の動きをイメージしながら2軸図に表現する。このとき、現時点(When)までの動きについては、実際のデータを参照しながら描くとよい。そして、時系列での動きを視覚的にとらえながら、なぜそのようになったのか(Why)を考える。最後に、もし介入しなければ今後どこに向かうのか(Where)を予測するとともに、問題解決の方向性としてどのような状態に変化させたいか(How)を考える。以上の過程には、関係者間での問題に対する認識の違いを明らかにするとともに、問題解決のゴールのイメージを共有する効果がある。

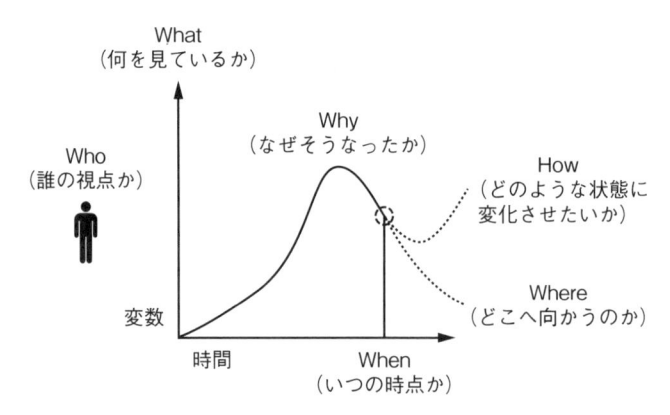

図3.7　2軸図および5W1H法による問題設定

練習問題

★★★★★

日本の人口を変数としてレファレンスモードを作成し、関係者間で結果を比較しながら、問題をどのようにとらえているかについて議論しなさい。

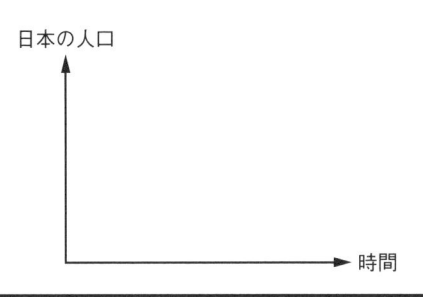

（日本の人口 / 時間 のグラフ軸）

【 解 答 例 ・ 解 説 】

（1920〜2060年の日本の人口推移グラフ）

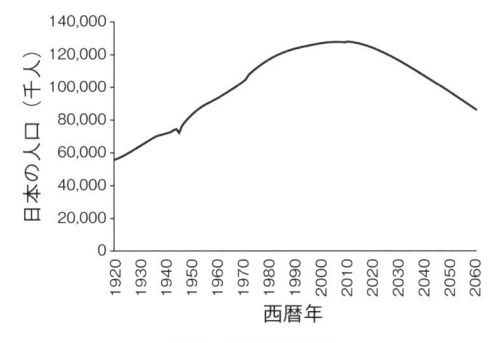

出典：総務省統計局

　上図は、1920〜2060年までの日本の人口を示したグラフである。1920年から2009年までは実績値、2010年以降は予測値を示してある。戦後から高度経済成長期にかけて急激に人口が増加し、2008年にピークに達した後、徐々に減少するという、人口減少社会の到来を読み取ることができる。このような図を描いた人は、おそらく少子高齢化問題を頭の中に思い浮かべていたのではないだろうか。レファレンスモードを用いることで、個人が問題をどのようにとらえているかを可視化できるのである。

システム・シンキングを用いた問題解決へのアプローチ

3.2.2 ステークホルダー分析

第二のプロセスは**ステークホルダー分析**である。ステークホルダー（stakeholder）とは、問題を有するシステムに対して直接あるいは間接の利害を有する当事者を指す。英語のstakeには「ギャンブルの掛け金」という意味があり、stakeholderは「利害関係者」と訳されることが多い。

システム・シンキングにおけるステークホルダー分析の目的は、分析対象とする問題の空間的範囲を明確にしたうえで、各ステークホルダーの関心事項を明らかにすることである。この分析を実施することで、問題に関連する変数を抽出しやすくなる。

システムには複数のステークホルダーが存在し（**図3.8**）、それぞれ異なる目的・役割を持ってシステムに関与している。システムの所有者、運用者、利用者、支援者など、システムに対して肯定的にかかわる者だけではなく、反対者、被害者など、否定的な態度でかかわる者も存在する可能性がある点に注意しなければならない。ステークホルダーの間で利害が一致する場合は問題が生じにくいが、利害が対立する場合には、問題がシステムの目的達成に重大な影響をおよぼす可能性がある。そこで、システムに利害関係を有する当事者を網羅的に抽出し、その関心事項（interest）を明らかにするのが、ステークホルダー分析である。

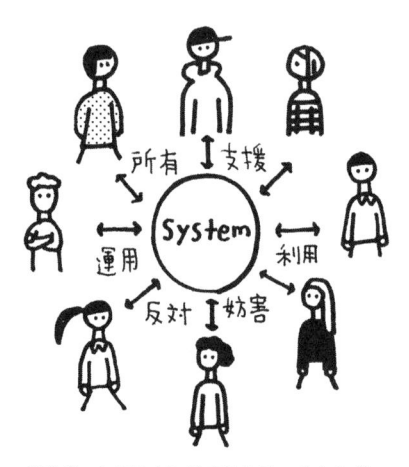

図3.8 システムに対するステークホルダー

Column ⑤

是非の秤と利害の秤

　李氏朝鮮第22代国王正祖（チョンジョ）の生涯を描いたドラマ「イ・サン」の中に、「是非の秤と利害の秤」という興味深いフレーズが登場する。主人公イ・サンが王位を継いで正式に即した直後、重臣との会話の場面である。即位したばかりの新たな王は、自分の思いどおりの改革を実行しようとする。しかし、旧体制を長く保持してきた重臣たちは当然その改革に抵抗し始める。現代でも頻繁に目にする状況といえよう。正しいことを実行に移して何が問題なのか、と重臣たちの反対姿勢に疑問を投げかけるイ・サン。それに対して諫（いさ）めるように進言した反対勢力の中心的人物が、「是非の秤と利害の秤」を口にする。その内容を筆者なりに解釈してまとめたので紹介したい。

　この世には2種類の秤が存在する。それは、「是非の秤」と「利害の秤」である。是非の秤を使えば、正しいことと正しくないことを見分けることができる。一方、利害の秤を使えば、得になることと得にならないことを見分けることができる。人はこの2種類の秤を使って物事を評価・判断する。新たな王が進めようとする改革が正しいものであることに間違いはない。しかしそれは、是非の秤を用いて判断した場合に、秤が一方に傾いているにすぎない。もし利害の秤を用いて判断するならば、必ずしも一方に傾くということにならないのである。利害の秤が当事者のどちらかに一方に偏っていては、国をひとつにまとめることはできない。是非の秤で正しいと判断できる改革であっても、利害の秤を使ってうまくバランスをとりながら進めていかないと、誰も改革についてこようとはしないのである。

　筆者はこれまで、マネジメントで最も重要なこと何かと問われたならば、つねに「バランス」と答えてきた。攻めと守りのバランス、売上と費用のバランス、成果と報酬のバランス、管理者と技術者のバランス、感情と論理のバランスなど、さまざまなバランスを適切に保つことで、

経営システムを持続的にかつ健全に管理することが可能になる。また、是非の秤はそれを持つ人の人生観や倫理観に依存するのであろうが、利害の秤はシステム・シンキング能力に磨きをかけることで身につけられると考えている。

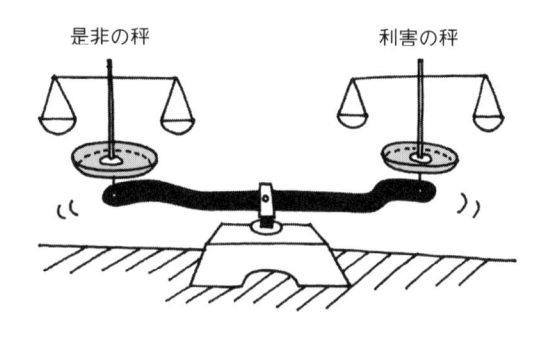

ステークホルダーをできるだけ多く抽出するには

　ステークホルダー分析では、最初に可能な限り網羅的にステークホルダーを抽出する必要がある。そのためには、発散系の思考技法を用いるとよい。発散系とは、ある情報から別の新たな情報を連想し、情報量を飛躍的に増加させることができる思考技法を指す（**図3.9**）。発散系の思考技法としてブレインストーミング法を紹介しよう。

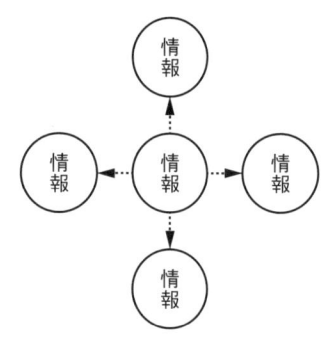

図3.9　発散系思考技法のイメージ

ブレインストーミング法

　ブレインストーミング法(brainstorming)は、アレックス・オズボーン(Alex Osborn)が考案した、汎用性の高い発散系思考技法である。特定のテーマについて複数人で自由に意見を出し合い、互いの発想を刺激し合いながら、個人の発想力を超えたアウトプットを創出することを目的とする。単純なディスカッションとは異なり、自由な発想を妨げず、かつ、より多くのアイデアを効率的に創出するための工夫が必要となる。

【 活用のステップ 】
1. 複数人数で集まる
2. 司会(1名)と記録係(1名)を決める
3. ブレインストーミングのルールを共有する(下記参照)
4. ブレインストーミングのテーマを決める
5. ブレインストーミングの実施時間を決める
6. ブレインストーミングを実施し、アイデアを出し合う
7. 出されたアイデアを記録し、整理する(司会者および記録係)

【 ブレインストーミングを効果的に実施するためのルール 】
- 5名前後でおこなう(多すぎても少なすぎても非効率になる)
- 多様なバックグラウンドを持つ参加メンバーを選ぶ(専門家だけでおこなわない)
- 1テーマあたり15分前後で実施する(参加者を退屈させない)
- アイデアをその場で評価しない(否定・批判・反論は絶対におこなわない)
- 発言しやすい自由な雰囲気を大切にする(上下関係を持ち込まない)
- 質よりも量を重視する(非現実的なアイデアもとにかく出す)
- アイデアはホワイトボードなどに書き出す(書くことで全員に意見を視認させ、少数派の意見をていねいに拾い上げる)

　日本人には、人前で自分のアイデアを発言することに慣れていない人も多い。積極的発言をうながすためには、プライベートな領域で一度アイデアを

個人でアイデアを創出　グループでアイデアを共有　グループでアイデアを議論

図3.10　個人からグループへの展開

書き出させるプロセスを置くとよい。個人で思いついたアイデアを小さな紙に書かせたうえで、声に出して読みながら、発想をグループ全体に展開させる仕組みが効果的である（**図3.10**）。

練習問題

ブレインストーミング法を用いて、コンビニエンスストアの主要なステークホルダーを特定しなさい。

☞ **ワンポイント・アドバイス**

　ステークホルダーを考える際は、中央に分析対象となるテーマを書き出し、その周りにステークホルダーを列挙していくとよい。その際、**図3.11**のように付箋を用いて可視化すると、複数人での共同作業がはかどる。ステークホルダーの列挙が行き詰ってきたら、オペレーション（事業活動、社会活動など）を具体的にイメージするとよい。ライフサイクル全体を見据えてステークホルダーを抽出することが大切である。

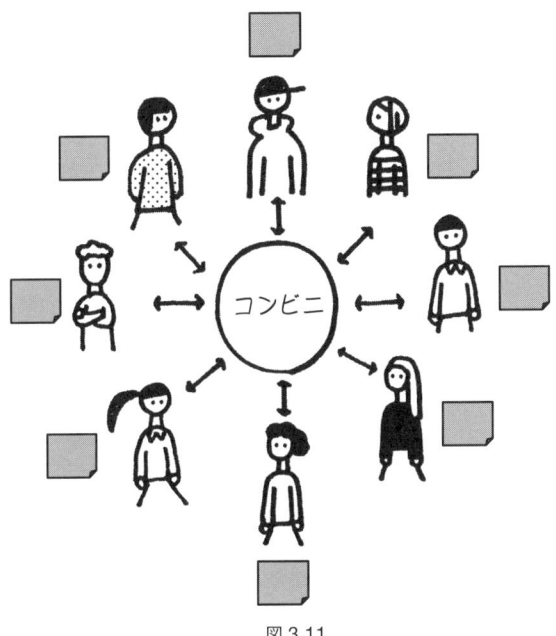

図 3.11

【 解 答 例 】

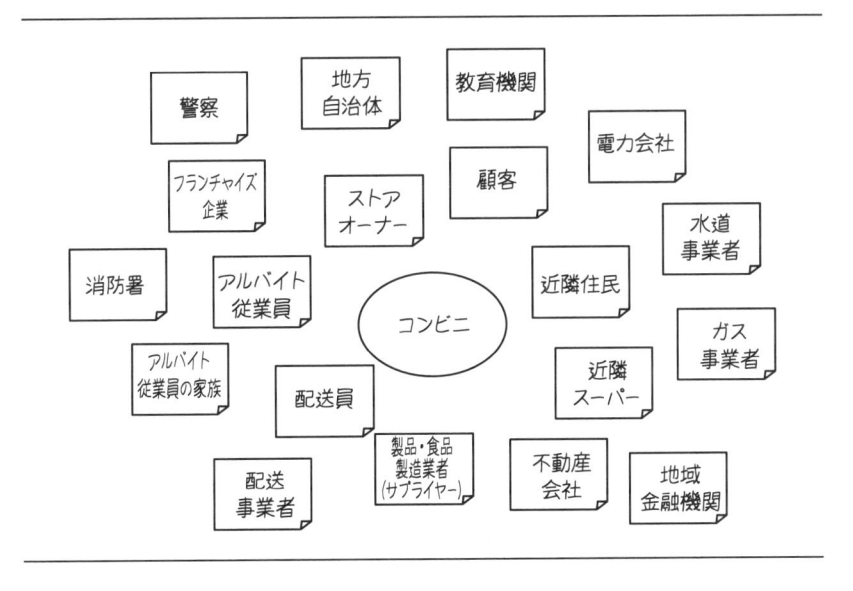

- 警察
- 地方自治体
- 教育機関
- 電力会社
- フランチャイズ企業
- ストアオーナー
- 顧客
- 水道事業者
- 消防署
- アルバイト従業員
- コンビニ
- 近隣住民
- ガス事業者
- アルバイト従業員の家族
- 配送員
- 近隣スーパー
- 配送事業者
- 製品・食品製造業者（サプライヤー）
- 不動産会社
- 地域金融機関

システム・シンキングを用いた問題解決へのアプローチ | 083

Column ⑥

よいブレインストーミングとは

　ブレインストーミング法は単純な思考技法であるが、参加者が下記の共通理解を有していれば、その効果は絶大である。

　よいブレインストーミングとは、誰かの出したアイデアにメンバー全員が共感を示すとともに、他人に触発されて自分もアイデアを出せる状況を指す。したがって、「いいね」「おもしろい」「最高だね」といった共感を示すフレーズをお互いに多用しながら、グループ全体として創出するアイデアの量を増やすことに注力する。たとえば、動物の名前を挙げるというテーマにおいて、他人が「パンダ」というアイデアを出したことに触発されて自分が「レッサーパンダ」を思いついたならば、それこそブレインストーミング効果の表れといえる。一方、各自が無言でアイデアを出しているような状況、または、他人が出したアイデアを互いに批判しているような状況においては、司会者が上手に軌道修正をおこなう必要がある。

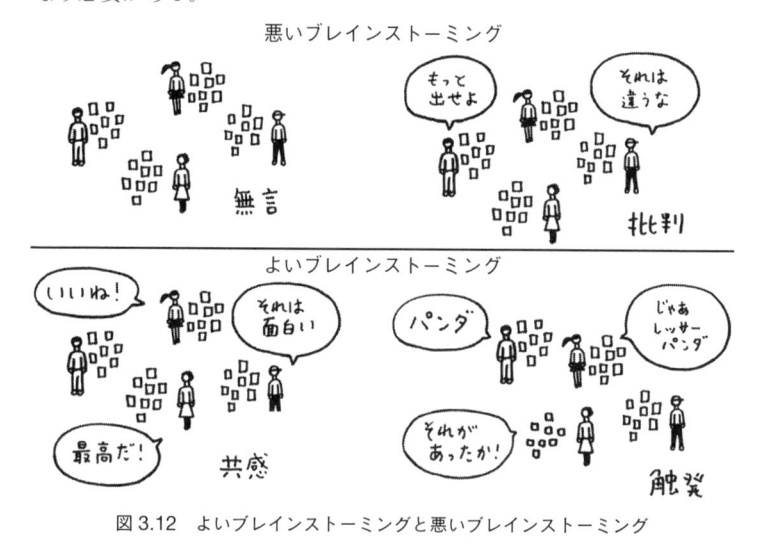

図3.12　よいブレインストーミングと悪いブレインストーミング

ステークホルダーの数を集約するには

　ステークホルダー分析において発散系思考技法を用いると、場合によってはステークホルダー数が増えすぎてしまい、かえって問題定義が難しくなることがある。その場合、収束系の思考技法を併用してステークホルダーの数を絞り込むとよい。収束系思考技法とは、複数の情報を集約することで情報量を減少させる思考技法（**図3.13**）で、親和図法やKJ法などが有名である。

　このように、発散系思考技法を適用して可能な限り多くのステークホルダーを列挙した後、収束系思考技法を用いてステークホルダーの数を絞り込んでいく。発散と収束とを繰り返しながら、問題に対して漏れなくダブりなく、適切な数のステークホルダーを抽出することができる。

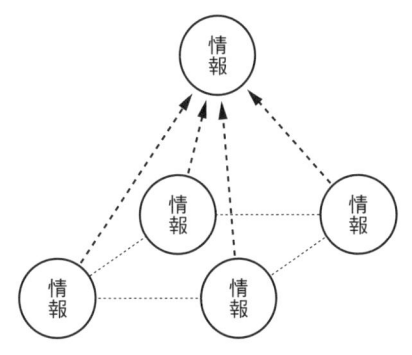

図3.13　収束系思考技法のイメージ

親和図法

　収束系思考技法である**親和図法**（affinity diagram）は、ブレインストーミング法などを用いて出された数多くの情報を、意味の近いものに分類して徐々に集約することで、アイデアの数を絞り込むのに効果的である。ホワイトボードなどに直接書かれた情報は再整理するのに手間がかかるため、ブレインストーミングの段階で付箋にアイデアを記載し、ホワイトボードに貼りつける方法が望ましい。

【親和図法の活用のステップ】
1. 抽出された情報を意味の近いものどうしに分類する
2. 分類ごとにそれぞれ見出しをつける（中分類の作成）
3. 中分類を集約して大分類にまとめ、見出しをつける（**図3.14**）

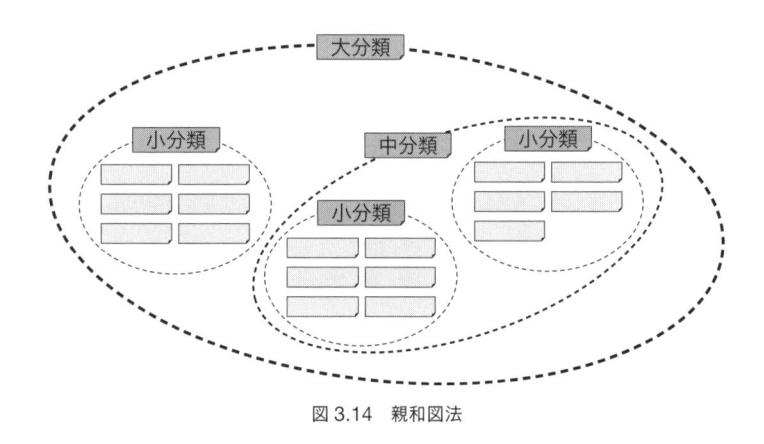

図 3.14　親和図法

ステークホルダーカードの作成

　問題に対して適切な数のステークホルダーが特定できたら、ステークホルダーごとに付箋を用いて**図3.15**のようなカードを作成するとよい。目的や利害関係を把握することで、関連する変数を抽出しやすくなるためである。

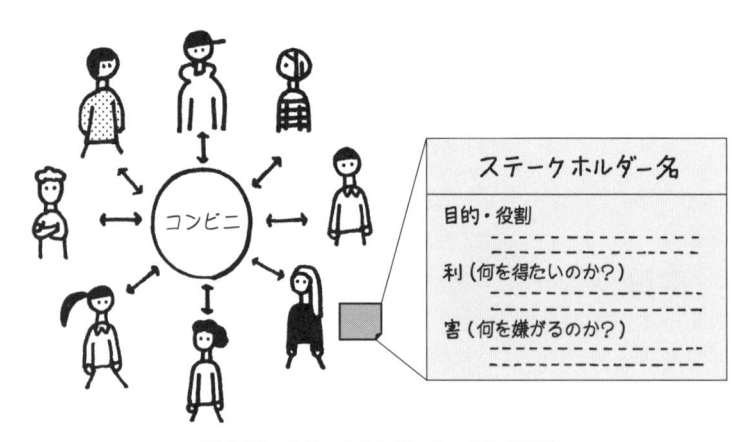

図 3.15　ステークホルダーカード作成の例

本書ではこれを「ステークホルダーカード」と呼ぶ。カードの上部にステークホルダーの名称を記載し、目的と役割、利（何を得たいのか）、害（何を嫌がるのか）を分析して記載する。すでにステークホルダーに関する知識が十分にある場合には、カードを作成することなく、次の変数抽出のプロセスへと移って差し支えない。

練習問題　★★☆☆☆

コンビニエンスストアのステークホルダーを1つ選び、ステークホルダーカードを作成しなさい。

```
┌─────────────────────────┐
│     ステークホルダー名      │
├─────────────────────────┤
│ 目的 (Purpose)           │
│  ---------------        │
│  ---------------        │
│ 利 (Benefit)            │
│  ---------------        │
│  ---------------        │
│ 害 (Harm)               │
│  ---------------        │
│  ---------------        │
└─────────────────────────┘
```

【解答例】

フランチャイズ企業を選んだ場合

```
┌─────────────────────────┐
│     フランチャイズ企業      │
├─────────────────────────┤
│ 目的 (Purpose)                   │
│    加盟店からのライセンス料        │
│    加盟店からの売上ロイヤリティー   │
│ 利 (Benefit)                     │
│    加盟店の継続的な売上確保        │
│ 害 (Harm)                        │
│    地域人口減少、競合店の出店      │
└─────────────────────────┘
```

システム・シンキングを用いた問題解決へのアプローチ

3.2.3 変数抽出

システム・シンキングの第三のプロセスは**変数抽出**である。先に抽出したステークホルダーとその関心事項(interest)にもとづいて、ステークホルダーがコントロールしたい変数を可能な限り多くリストアップする(**図3.16**)。これは、対象を変数により分析するための重要な準備作業である。可能な限り多くの変数を抽出するため、ブレインストーミング法を用いるとよい。また、体系的かつ網羅的に思考を発散させたい場合には、下記のマインドマップ法を用いるとよい。

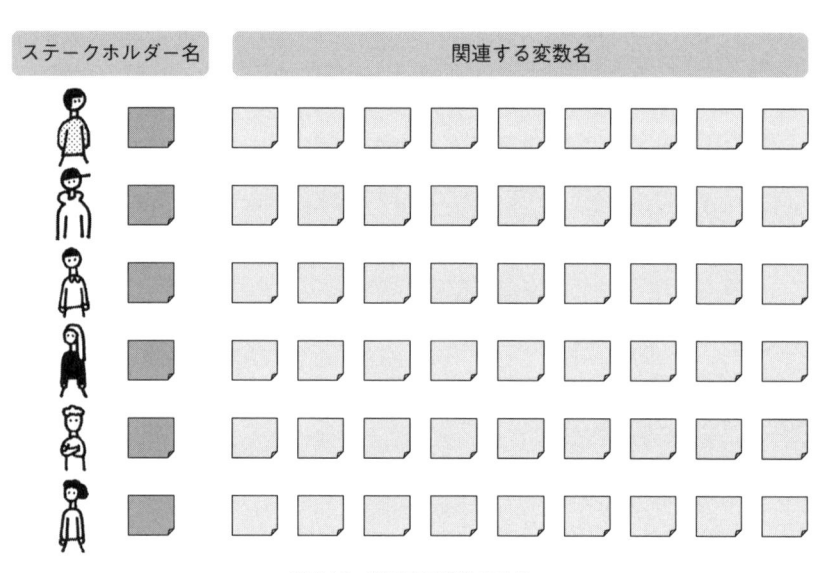

図 3.16　関連する変数の抽出

マインドマップ法

マインドマップ法(mindmaping)は、トニー・ブザン(Tony Buzan)により提唱された発散系の思考技法である。情報量を飛躍的に増やすことができる点ではブレインストーミング法と似ているが、発想を深める**垂直思考**と発想を広げる**水平思考**を繰り返しながら、枝葉を広げるように思考を展開していく点に独自性がある。ランダムに新たな情報を増加させるブレインストーミング法と異なり、より体系的かつ網羅的に思考を発散させたい場合に有効

である。

【 マインドマップ法の手順 】
1. 紙（模造紙、ノートなど）またはホワイトボードを用意する。
2. テーマを決め、中央に書き、丸で囲む。
3. テーマから放射状に線を引き、その先に発想したアイデアを書き出す。
4. しばらくの間、手順3を繰り返す。（水平思考）
5. ある程度のアイデアが出てきたら、次に手順3で発想したアイデアから1つを選んで、そこから放射状に線を引き、その先にさらに発想したアイデアを書き出す。（垂直思考）
6. 同じアイデアに対してしばらく手順5を繰り返す（水平思考）
7. 手順3〜5を繰り返すことで、中心から放射状にアイデアの枝葉をつくる（**図3.17**）。

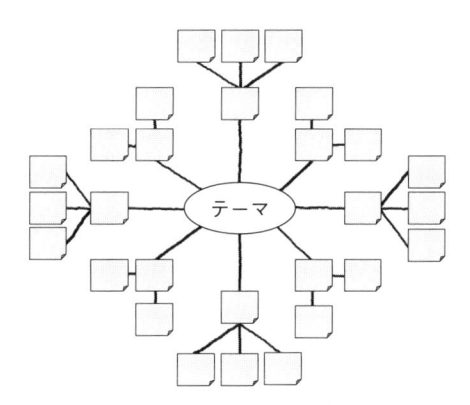

図3.17　マインドマップ法

練習問題
マインドマップ法を用いて、お寿司の種類をできるだけ多く挙げなさい。

【解答例・解説】

　マインドマップ法では、抽象度の高いレベルから順に対象を分類しながら、同時に情報を具体的に発散させていくアプローチを採用する。お寿司の種類であれば、にぎり、巻物、ちらし、その他、のような大分類を作成したうえで、巻物であれば具材が1種類のもの、具材が複数種類のものに分類可能である。さらに具体例を挙げていくと、たとえば、具材が1種類の巻物としては鉄火巻やかっぱ巻、おしんこ巻、かんぴょう巻などが考えられる。具材が複数種類の巻物としては、巻きずしやカリフォルニアロールが挙げられるであろう（図3.18）。

　マインドマップ法は、ブレインストーミング法と同様に情報を発散させる効果があるが、同時に、大分類から中分類、小分類への階層構造も表現できる。その意味では、親和図法とブレインストーミング法の双方のよさを兼ね備えた手法といえる。

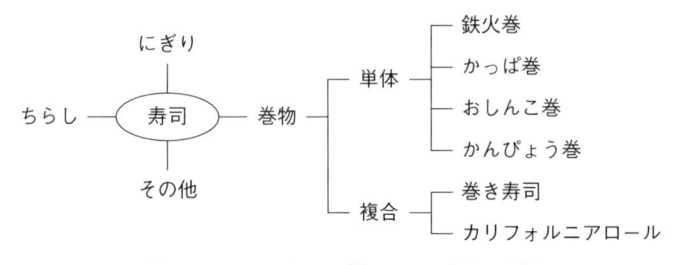

図3.18　マインドマップ法によるお寿司の分類

3.2.4 因果分析

　第四のプロセスは**因果分析**である。具体的には因果ループ図を作成する。変数抽出のプロセスで得られた相互に関連する2変数について、因果リンクの向きをまず分析する。このとき、すでに解説した正の因果リンク、負の因果リンクを用いる（図3.19）。疑似相関（第2章参照）に注意しよう。

　次に、変数間の因果リンクを参考にしながら、小さな因果ループを作成し

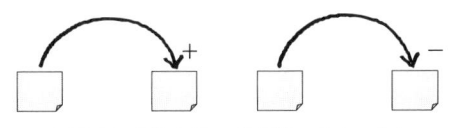

図3.19　変数を用いて因果リンクをつくる

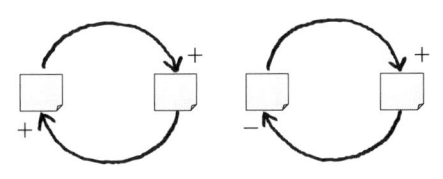

図3.20　変数を用いて因果ループをつくる

ていく（**図3.20**）。システム・シンキングの初心者が犯しがちなミスとして、ひとつのループで多くの現象を表現しようとすることが挙げられる。この場合、関係性がより複雑になり、結果として問題がうまく可視化できない。最初は抽象度を高く保ち、ひとつの現象のみを表現することに的を絞ろう。小さなループを作成することから始め、徐々に変数を増やして複雑なループを作成するアプローチをとるとよい。

初心者にありがちなもうひとつのミスとして、因果リンクをつなげているものの、ループになっていないことが多い。システム内のフィードバック構造を明らかにするために、できる限りループとして閉じるように変数の配置を考えよう。また、ひとつのシステム内に複数のループが含まれてもよいが、すべてのループについて、自己強化型かバランス型かの判定をおこなわなければならない。

ループがつくれない！

変数と変数をつないでループをつくる作業は、慣れないうちは難しさを感じるかもしれない。そのような場合には、いきなり変数どうしをつなごうとせず、問題現象を端的に表現するような文章を書き、その文章を要素分解することによって、ループを徐々に作成するアプローチを採用するとよい。

たとえば、ある地域に「過疎化で産業が衰退した」という課題があると仮定する。問題現象を表現したこの文章を要素分解すると、「過疎化で」と「産

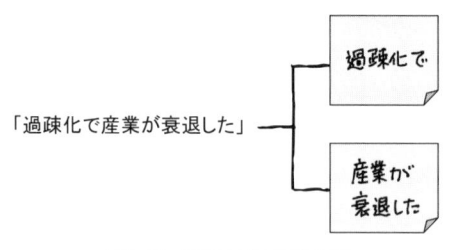

図 3.21　問題文章の要素分解

業が衰退した」という2つの要素（単純化のために、ここでは2要素とする）に分解できる（**図3.21**）。この分解した文章を因果ループ図に変換するプロセスを解説しよう。

　まず、分解した2要素について、原因系と結果系の区分を考える。原因系とは、ある物事や状態を引き起こすもとになる要素であり、一方、結果系とは、原因系によって生まれたある状態や段階を表す要素である。今考えている例の場合、「過疎化で」が原因系であり、「産業が衰退した」は結果系であると考えられる。この分析結果にもとづいて、**図3.22**に示すような因果リンクを作成する。これが文章を因果ループ図に変換する最初のステップとなる。

　さて、因果リンクを発見できたら、ループ化することを考えよう。ループ化をおこなうには、相互に因果リンクが成立するかどうかを確認すればよい。すなわち、過疎化により産業が衰退し、産業が衰退したので過疎化が進行した、という関係が両方とも成立するかどうかを確かめる。当然、産業衰退にはほかの原因系も考えられるが、仮に成立するとすれば、**図3.23**のようなループができあがる。

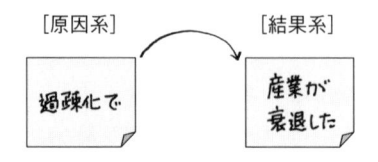

図 3.22　文章を分割して作成した因果リンク

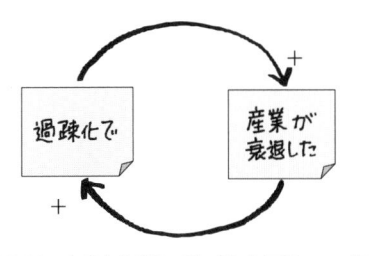

図 3.23　文章を分割して作成した因果ループ図

文章を変数に変換

次に、「過疎化で」と「産業が衰退した」をそれぞれ変数に変換することを考える。すなわち、過疎化を表現するような変数は何か、そして、産業衰退を表現するような変数は何かを考える。たとえば、過疎化を表現するには「地域の人口」という変数が考えられる。また、産業衰退を表現するには「地域の企業数」という変数が考えられる。これらをループ中の文章と置き換えれば、**図3.24**のような因果ループ図ができあがる。

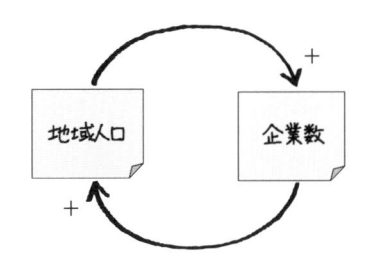

図 3.24　変数に変換した後の因果ループ図

論理の飛躍の解消

次に、論理性をチェックする。因果リンクに論理性の飛躍がある場合、何か中間的な変数が欠如している可能性がある。この例題では、地域人口が増えれば地域の企業数が増えるという因果リンクが登場した。一般論として、これが正の因果リンクであることは間違いなさそうである。しかし、やや違和感があるので、論理の飛躍もあるかもしれない。企業数が増えるのは、人口が増えて市場規模が拡大し、その市場に魅力を感じた既存企業が他地域か

ら参入してきたり、地域内で新たな企業が設立されたりするからであろう。したがって、中間的な変数として、市場規模、参入企業数、設立企業数などを考慮する。

　もう一方の企業数と地域人口の関係性はどうだろうか。こちらも正の因果リンクである可能性が高いが、やはり因果に飛躍がありそうである。企業数が増えると新たな雇用が発生する。それに伴い、転勤や転居で地域への転入者数も増えるであろう。したがって、中間的な変数として地域の雇用者数、地域への転入数を考慮する。すると、**図3.25**に示すような、より納得感のある因果ループ図ができあがる。

　変数と変数をつないで因果ループを作成することが困難な場合、問題現象を文章化し、文章を分解しながら因果ループを作成し、最後に変数に変換するというアプローチも効果的であることを覚えておこう。

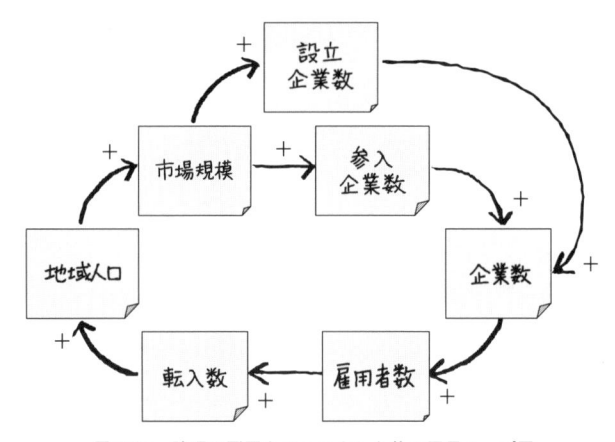

図 3.25　論理の飛躍をチェックした後の因果ループ図

3.2.5 仮説構築

　最後のプロセスは**仮説構築**である。各ループの特徴を表す名称を付与することで、因果ループ図の利用者がシステム内部のフィードバック構造を容易に理解できるようにしておく（**図3.26**）。因果ループ図を参考にしながら、問題がどのように発生しているかを表現する仮説を構築する。このとき、仮説を文章で表現してみるとよい。また、多様なバックグラウンドからなる複

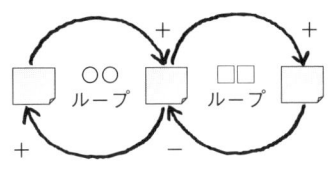

図3.26 ループに名前をつける

数のメンバーで因果ループ図を共有し、異なる視点からディスカッションをおこなうことが望ましい。

練 習 問 題 ★★★★★

図3.25の因果ループ図を参照しながら、過疎化の進行メカニズムに関する仮説を構築しなさい。

【解 答・解 説】

　図3.25の因果ループ図は、各変数を順にたどっていくと、過疎化のメカニズムというよりは地域活性化のメカニズムを表現しているように感じられるかもしれない。たとえば、地域人口が増えれば市場規模が拡大し、設立企業数や参入企業数が増える。このように解釈すれば、地域活性化のメカニズムに関する仮説を立てられそうだ。一方で、地域人口が減ると最初に仮定すれば、その因果として市場規模は縮小し、設立企業数や参入企業数は減ると解釈することもできそうだ。

　図3.25は自己強化型ループである。自己強化型ループは、システムに変化をもたらし、時間の経過とともにその作用をより強めていく、あるいは、弱めていく性質をもつ。因果ループ図に用いられた単語の意味を肯定的にのみとらえて解釈するのではなく、否定的にとらえて解釈をすれば、結果として対照的な仮説を導くことができる。

3.3 本章のまとめ

　本章では、システム・シンキングを適用する際の標準プロセスを解説した。思考技法なので個人の裁量で取捨選択すればよいが、慣れない段階では標準プロセスに沿って分析することを勧める。システム・シンキングの適用において重要なのは、紹介した5つのプロセスを繰り返しながら、徐々に前に進んでいくことである（**図3.27**）。5つのプロセスは車輪のような循環の関係にあり、分析の品質はこの車輪を回転させるたびに高まっていく。最初の1回転目は負荷が大きいが、システム・シンキングという思考技法に慣れるに従って徐々に加速がつき、分析も軽やかに進んでいく。一度限りの試行で問題の全体像が明らかになることは少ない。自分自身で、あるいは、メンバーを入れ替えながら繰り返しシステム・シンキングを適用することで、多様な視点を反映した問題分析と解決策の立案が可能になる。

　次章では、標準プロセスを実際問題にどのように適用するのか、具体的イメージとして、想起させながら、理解を定着させていこう。

図 3.27 システム・シンキングの適用プロセス

第 3 章
習熟度確認テスト

1 問題を有するシステムXを1つ挙げなさい。

2 ブレインストーミング法および親和図法を用いて、Xの主要なステークホルダーを特定しなさい。

3 各ステークホルダーの主要な関心事項を分析しなさい。

4 ステークホルダーおよびその関心事項を参考にしつつ、ブレインストーミング法を用いてXに関係する変数を抽出しなさい。

5 Xをシステムとしてとらえ、注目すべき重要な変数を特定し、その変数に影響を与えるほかの変数との因果関係を分析しなさい。そのうえで、システム内にあるダイナミクスを、因果ループ図を使って表現しなさい。

6 X内の問題を解決するためにはシステム内のどの変数を変化させると効果的かを考え、かつ、どのような手段でそれを実現することができるかを提案しなさい。

第 4 章 —— 実践編
システム・シンキング ゼミナール

　本章では、システム・シンキングを用いた問題分析アプローチを対話形式で疑似体験する。大学で「システム・シンキング」の講義を受講する学生が、問題分析に取り組んでいる場面を想像してほしい。先生と学生の対話を聞きながら、システム・シンキングを上手に適用するためには何を工夫し、何に気をつけなければならないかを学ぼう。練習問題を配置しているので、一緒に挑戦しながら読み進めてほしい。

4.1 イントロダクション

　R大学でマネジメントを専攻するTさんは、高校時代にはバレーボールでインターハイにも出場した経験のあるスポーツウーマンである。大学でも体育会バレーボール部に所属し、現在は春と秋のリーグ戦を戦う日々を送っている。3回生になる今年からは、プレーヤーとして活躍しつつも、将来を見据えてコーチング能力やマネジメント能力も身につけたいと考えるようになった。将来的には、プロスポーツチームの経営に携わりたい、と思っている。

　幼い頃からずっとレギュラー選手として第一線で活躍してきたので、一瞬の状況把握力や判断力にはそれなりに自信がある。一方で、長期的な視点で全体を俯瞰しながら物事を考える力が自分には欠けているのではないか、という思いがあった。そこで、先輩に相談したところ、M先生のシステム・シ

ンキングの講義が勉強になるとのアドバイスを受け、今学期受講することを決心した。講義もすでに半分が過ぎ、因果リンクや因果ループ図など、システム・シンキングの基本事項はひととおり学習し終わったところである。

　ある日、その講義でスポーツをテーマにした課題が出題された。自分が昔から感じていた問題意識とも一致するこの課題に、Tさんは全力で取り組みたいと思っている。M先生からの課題は以下のようなものであった。

M先生からの課題

　プロフェッショナルスポーツの世界では、複数のチームでリーグを結成し、年間の対戦成績により順位を決められることが多い。そこでは、毎年上位を占めるチームと毎年下位に甘んじるチームとにリーグが二分される傾向が、頻繁に観察される。この傾向はスポーツの種類を問わず、また、国内のみならず海外においても同様である。すなわち、強いチームはずっと強く、弱いチームはずっと弱い。

　図4.1は日本のプロ野球セントラルリーグにおける年間順位表（2009年～2011年）を示している。上位チームの順位に多少の変動は見られるものの、下位グループはほぼ同じチームが占めている。このリーグ二分の背後には、システムとしての構造的な理由がありそうである。強いチームはなぜ毎年強く、弱いチームはなぜ毎年弱いのだろうか。これまでに学習したシステム・シンキングを用いて、この問題を君たちなりの視点で分析してみてほしい。

	2009年			2010年			2011年	
順位	チーム名		順位	チーム名		順位	チーム名	
1位	ジャイアンツ		1位	ドラゴンズ		1位	ドラゴンズ	
2位	ドラゴンズ		2位	タイガース		2位	スワローズ	
3位	スワローズ		3位	ジャイアンツ		3位	ジャイアンツ	
4位	タイガース		4位	スワローズ		4位	タイガース	
5位	カープ		5位	カープ		5位	カープ	
6位	ベイスターズ		6位	ベイスターズ		6位	ベイスターズ	

図 4.1 プロ野球セントラルリーグ順位表（2009-2011）
（出典：日本野球機構オフィシャルサイト http://www.npb.or.jp/）

さらに、リーグ全体をシステムとしてとらえて、これをより持続可能なシステムとして設計しなおすとすれば、どのような改善策が考えられるだろうか。

練習問題

"強いチームはなぜ毎年強く、弱いチームはなぜ毎年弱い"のだろうか。このM先生からの問いに対する、現時点でのあなたの考えを述べなさい。

4.2 スパゲティー化した因果ループ図

M先生から出題された課題に対し、Tさんはさっそく講義で学んだ因果ループ図を描いてみた。しかし、ひととおりの描き方はマスターしたつもりであったが、自分の描いた因果ループ図に自信が持てない。どのように改善すればよいかアドバイスをもらうために、先週からずっとM先生を探している。

ある日、M先生が学内にいると聞きつけたTさんは、M先生の研究室に飛び込んだ。

因果ループ図＝メンタルモデル

Tさん：M先生、こんにちは。よかった〜、やっと先生に会えました！

M先生：やあ、こんにちは、Tさん。ずっと私を探していたみたいですね。外出が多くてすみません。どうしましたか？

Tさん：先週の講義で出されたシステム・シンキングの課題について質問があるのですが、今お邪魔しても大丈夫でしょうか？

M先生：もちろんいいですよ。熱心に質問に来てくれて私もうれしいです。どうぞ座ってください。せっかくなので、コーヒーでもいかがですか？

Tさん：はい、ありがとうございます。いただきます。私、コーヒー大好きです。

M先生：それはよかった。どうぞ、熱いので気をつけてください。コーヒーを飲みながら、Tさんの疑問をひとつずつ解消していきましょう。どのあたりが難しいと感じましたか？

Tさん：じつは、なんとかがんばって因果ループ図を描いてみたんですけど、これで合っているのかどうか、正直自信が持てないんです。

M先生：なるほど、因果ループ図が正しいかどうかを知りたいのですね。

Tさん：はい、そうです。

M先生：上手に描けたかどうか不安な気持ち、よくわかります。新しい思考技法を学んでも、最初は誰しも確信を持てないので心配はいりませ

ん。
Tさん：といわれても、やっぱり心配です。これで合っているのかどうか……
M先生：過去の受講生もみな不安を感じながら、徐々にシステム・シンキングを身につけていきましたよ。
Tさん：みなさん、自分の因果ループ図が正しいか自信を持てなかったのですか？
M先生：はい、慣れるまでは誰でも不安を感じるのです。
Tさん：そうなんですね。少し安心しました。
M先生：では、Tさんの質問にお答えしましょう。結論からいうと、因果ループ図に正しい／正しくないという評価はありません。すべての因果ループ図はある人の現象のとらえ方、すなわち、メンタルモデル（mental model）を可視的に表現したものなので、その作者の見方と一致していれば適切に可視化されたといえます。
Tさん：私のメンタルモデルですか？
M先生：そのとおりです。因果ループ図は、Tさんの主観が切り取った問題現象を表しているにすぎません。Tさんのバイアス（Bias）がかかっているのです。
Tさん：先生、「バイアス」って何ですか？
M先生：バイアスとは、先入観や傾向を意味する英単語ですが、ここでは、Tさん独特の物の見方、くらいに受け取ってください。どんなに客観的に分析したつもりでも、Tさんの過去の経験がつくる先入観が表れてしまうんです。
Tさん：自分なりに正しく表現したつもりなんですけど……
M先生：その努力はとても大切です。まず、問題に対する自分なりのとらえ方を可視化（visualization）することが、問題解決の第一歩といえますからね。一方で、自分のとらえ方がつねに正しいとは限りませんよね？　ですから、自分のとらえ方を正しく表現できたかを問うことには意味がありますが、正しいとらえ方をしているかは自分だけで判断することはできません。システム・シンキングを適用する際

にはグループで議論してください、と講義でお願いしたのは、問題のとらえ方をほかの人と比較してもらいたかったからです。

Tさん：なるほど、自分一人で完結させようとしていました。ほかの受講生たちと因果ループ図を比較しながら、一緒に議論してこそ意味があるのですね。

M先生：そのとおりです。唯一絶対の正解はありません。しかし、複数の人が個別に作成した因果ループ図を見くらべることで、問題としてとらえているシステムの範囲や問題に対する認識の微妙なズレが明確になります。これは本来、問題解決をする際に最初に踏むべきプロセスといえます。でも、実際には、かなり後になってから範囲や認識のズレ浮かび上がるケースが多いですね。こういう場合、問題解決はなかなかうまくいきません。

Tさん：わかりました。もう一度、トライしてみます！　先生、ありがとうございました。

M先生：いやいや、ちょっと待ってください。せっかく会えたので、作成した因果ループ図を見せてもらえますか？　とらえ方が正しいかどうかは後でほかの学生たちと議論してもらうことにして、Tさんが自分のとらえ方を正しく表現できたかにフォーカスして、少し議論しましょう。

スパゲティー化

Tさん：本当ですか、ありがとうございます。こちらです（**図4.2**）。ゴチャゴチャした図ですみません。

M先生：最初からうまく描ける人なんていませんよ。拝見しましょう。なるほど、これは……いろいろと複雑に絡み合っていますね。

Tさん：そうなんです、最初はシンプルな図だったんですけど、あれも重要、これも重要と足していくうちに、自分でも収拾がつかなくなった感じです。思いついたことはすべて盛り込んでみたのですが……

M先生：表現がふさわしいかどうかわかりませんが、システム・シンキングではこのような状態に陥ることを"スパゲティー化"と呼びます。

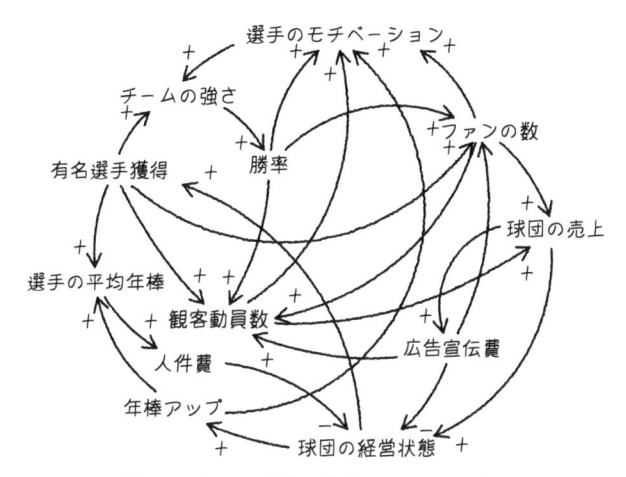

図4.2 Tさんが最初に作成した因果ループ図

Tさん："スパゲティー"ですか？ まさにそんな感じです。たくさんの線が複雑に絡み合っちゃいました。これではダメですよねぇ〜。

M先生：よく見ると、Tさんの因果ループ図がおいしそうなスパゲティーに見えてきましたよ〜。これはナポリタンかなぁ〜？

Tさん：先生、からかわないでください〜。これでもかなり時間をかけてがんばって描いたんですから。

M先生：ごめんなさい。そうですよね、これだけ多くの要素を挙げただけでもすばらしいことです。Tさんが真剣に課題に取り組んだことが、私にはよくわかりますよ。スパゲティー化は初心者にはよくあることなので、心配しないでください。さあ、何がまずかったのか一緒にチェックしていきましょう。

Tさん：はい、よろしくお願いします！

4.3 時間軸分析

視点と時間軸

M先生：今回、問題定義はどのようにおこないましたか？

Ｔさん：講義で先生にいわれたとおり、「強いチームはなぜ強く、弱いチームはなぜ弱いのか？」について考えることにしました。

Ｍ先生：わかりました。では、Ｔさんは誰の視点で考えましたか？

Ｔさん：視点ですか？　一人で考えたので、たぶん私の視点だと思います。

Ｍ先生：そうですね。でも、問題定義をおこなう際には、その問題の当事者のうち誰かの視点に立たないと、問題の範囲や価値の基準が定まらないことがあります。

Ｔさん：私ではなく、当事者の視点ですか？

Ｍ先生：はい。たとえば、あるプロ野球チームの監督の立場で自分のチームが強いかを議論すると、選手のスキルや練習量、戦術や対戦相手などが重要な要素になりますよね。でも、プロ野球チームの経営者の立場だったらどうでしょう？　より広い視点で問題に向かうことになって、観客動員数や売上、利益、選手獲得への投資なども分析の範囲に含まれてきそうですよね。

Ｔさん：たしかにそうですね。チームの監督にとっての強い弱いは勝ち負けの話で、チームの経営者にとっての強い弱いは儲かるかどうかの話になるような気がします。立場によって視点は異なるのですね。

Ｍ先生：そのとおりです。客観的に俯瞰するために、あえて当事者の立場には立たないこともあります。しかし、通常は当事者のうち誰の立場に立つかを認識することがだいじです。問題に対する見方や考えるべき範囲は、立場によって異なるからです。今回は、チーム経営者の視点で考えてみることにしましょう。視点が高く、扱う範囲も広いので、Ｔさんの勉強になると思います。

Ｔさん：はい、大学を卒業したらスポーツチームを経営する仕事に就きたいと思っているので、とても興味があります。

Ｍ先生：そうなんですね。何事も決してあきらめないＴさんですから、その夢はいつかきっと叶うと思います。では、もう一度問題設定をしていきましょう。自分が今、プロ野球チームの経営者であると仮定してください。何から考えればよかったでしょうか？

Ｔさん：え〜と、何でしたっけ？　問題は何か、ということでしょうか。

M先生：たしかにそのとおりです。でも、問題を明確にしたい場合には、最初に明確にすべきものがありましたよね？

Tさん：あっ、まずは時間軸ですよね。

M先生：そのとおり！　すばらしい、よく覚えていてくれました。では、先ほどの視点を確認したうえで、どのような時間軸で検討すべきかを考えてみてください。

Tさん：はい、チームの経営者の視点に立つと仮定します。経営者の場合、シーズン中の試合ごとの勝ち負けも気になると思いますが、より長期的な視野に立って、チーム全体の戦力強化をどうするか、球場のある地元と密着してどのように観客に愛されるチームづくりをするかを第一に考えるべきと私は思います。それに、監督は1シーズンの結果次第で解任されることもありますが、チームの経営者の場合、そのチームを数年間以上にわたり所有するはずです。だから、時間軸は1シーズンよりも長く設定したほうがいいと思います。

M先生：さすがマネジメントを学んでいますね。すばらしい考え方です。では、どのくらいの時間軸を検討する必要がありそうですか？

Tさん：2～3年でしょうか。いや、選手の育成を考えると、もう少し長くして4～5年でもいいかもしれません。場合によっては、10年以上先を見据えて意思決定することもあると思います。

M先生：では、ここでは仮に4～5年で考えてみましょう。時間変化を可視的に分析するツールとして何を学びましたか？

Tさん：レファレンスモードを習いました。5W1H法も。

M先生：では、5W1H法を使ってレファレンスモードを描いてみましょうか。問題を単純化するために、仮にAチームとBチームの2チームがあって、もともとは同じくらいの強さだったものの、徐々にAチームは強くなり、逆にBチームは徐々に弱くなっていくと仮定してみてください。

> **練 習 問 題** ★★★★★
>
> プロ野球における上記の問題について、時間軸分析をおこない、レファレンスモードを描きなさい。

レファレンスモードの作成

Tさん：まず誰の視点か(Who)ですが、これはチーム経営者です。何を見ているか(What)ですが、チームの強さを変数で表現するのは難しいので、ここではとりあえず勝率にしたいと思います。次に、この注目する変数である勝率が、時間とともにどのような動きで変化するか(Where)を表現する必要があります。

M先生：いいですね。では、いつまで考えるか(When)を4〜5年と想定して、勝率がどのように変化していくかを描いてみてください。

Tさん：え〜と、最初は同じくらいの強さなのですが、徐々にAチームは強くなって、逆に、Bチームは弱くなるので、おそらくこんな感じではないでしょうか(**図4.3**)。合っていますか？

M先生：合っているか、合っていないかは、ここでは考えなくていいですよ。先ほどもいったように、レファレンスモードや因果ループ図はそれを描いた人のメンタルモデルを可視化したものなので、認識と一致していればそれでいいのです。正解、不正解はそもそもありません。

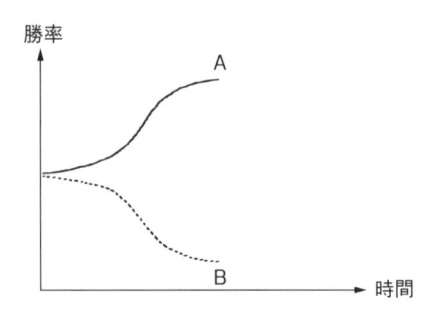

図4.3 Tさんが最初に描いたレファレンスモード

Tさん：そうでした。でも、自分の認識が合っているかどうか不安です。

M先生：そうですね、一度差が開いてしまうとなかなか縮まらない、つまり、強いチームはずっと上位にいて弱いチームはずっと下位にとどまる。そんな状況がよく表現できていると思いますよ。

Tさん：ありがとうございます。少し安心しました。プロスポーツに限らず、アマチュアスポーツやビジネスの世界でも同じことがいえると思います。儲かる会社はつねに儲かって、儲からない会社はつねに儲からない、みたいな。

M先生：いいところに気づきましたね。どの場合にも、背後に構造的な問題が潜んでいそうですね。逆に考えると、問題を生み出す構造を明らかにできれば、その構造を変えることで結果を変えられそうですよね。

Tさん：「システムの構造がシステムの振る舞いを生み、システムの振る舞いがシステムの結果を生む」ですね。先生の講義で習った記憶があります。

M先生：覚えていてくれてありがとう。結果を変えるためには、まずシステムの振る舞いを明らかにして、その振る舞いを生み出すシステムの構造を明らかにする必要があります。構造から変えてしまわない限り、結局同じことが繰り返されるのです。では、Tさんは、先ほどのレファレンスモードで描いた振る舞いを、どのように（How）変えていきたいですか？

Tさん：Aチームがいつも上位でBチームがいつも下位では、おそらくリーグ戦もつまらないと思います。なので、両チームの順位が毎年入れ替わるような状態が理想だと思います。

M先生：レファレンスモードの図に追加で描いてもらえますか？

Tさん：うまく表現できませんが、こんな感じです（**図4.4**）。あくまでイメージですけど。

M先生：上手ですね。毎年順位が入れ替わって、エキサイティングな試合が楽しめそうな気がします。

時間軸分析 | 109

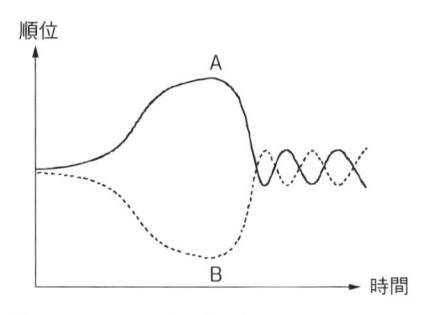

図4.4 Tさんが追加で描いたレファレンスモード

問題の空間的範囲

Tさん：先生、なんとなく分析の進め方がわかってきました。システムの振る舞いをこの理想に近づけるにはどうすればよいか（How）を考えていけばいいんですね？

M先生：そのとおりです。しかし、それを考えるのはもう少し待ってください。システム・シンキングでだいじなのは、問題現象を生み出した本質的な原因を探ることにあります。つまり、なぜそうなったのか（Why）を問うことがだいじです。Whyを議論せずにHowを議論するのはとても危険だ、と講義でも教えましたよね。

Tさん：そうでした。問題を生み出す根本原因を見つけてアタックしないと、結果は同じになる可能性が高いと習いました。

M先生：そのとおり。では、根本原因を探るためにはどのような分析ツールが必要ですか？

Tさん：因果ループ図ですね！

M先生：そのとおりです。でも、いきなり因果ループを描くのは難しそうですね。Tさんも身を持って体験したのではありませんか？

Tさん：はい。スパゲティー化しました。講義で習ったときは簡単そうに思えたのですが、実際に書いてみたら想像以上に難しかったです。

M先生：では、因果ループ図を描くために、最初に何をすべきでしょうか？

Tさん：えーと、何でしょうか？

M先生：問題を含むシステムの範囲を明確にする必要はありませんか？

Tさん：それはレファレンスモードで明らかにしたのではないですか？

M先生：レファレンスモードで明らかにするのは、問題を理解するために必要な時間的範囲です。問題定義のためには2つの範囲を考えなくてはならなくて、ひとつは時間的な範囲、それともうひとつは何の範囲でしたか？

Tさん：時間的な範囲と、それから、空間でしたっけ？

M先生：そうですね、空間的範囲です。

Tさん：あ、ステークホルダー分析ですね？　講義を思い出しました。すみません、私はいきなり因果ループ図を書いていました。

M先生：経験的に自分がよく知っている問題であれば、ステークホルダー分析をおこなうことなく、いきなり因果ループ図を描いてもいいでしょう。しかし、あまり経験したことのない問題を分析するときには、ステークホルダー分析を必ずおこなってください。なぜだかわかりますか？

Tさん：当事者の視点に立つだけでは不十分なのでしょうか？

M先生：当事者の誰かの視点に立つことは、問題を考える出発点として必要なことです。しかし、誰か1人の視点に固定して物事をとらえることもまた危険なのです。なぜなら、世の中の価値を測る物差しは多様で、つねにひとつとは限らないからです。

Tさん：人によって何をよしとするかは異なるということですね。

M先生：そのとおりです。誰か1人の価値観にのみもとづいて、その人から見える範囲だけで問題解決をおこなわないようにするために、ステークホルダー分析は重要なプロセスなのです。

Tさん：はい、わかりました。レファレンスモードを使って問題の時間的な範囲を検討したうえで、空間的範囲を明確にするためにステークホルダー分析をおこなうようにしますね。

4.4 ステークホルダー分析

M先生：そもそも、ステークホルダーとは何でしたか？

Tさん：ステークホルダーの定義ですか？ 日本語ではたしか「利害関係者」と訳されていたような気がします。

M先生：そのとおりです。システムに対して利害を有する者ですね。すなわち、なんらかの利益を得る可能性がある関係者、およびなんらかの不利益をこうむる可能性がある関係者ということです。

Tさん：関係者というと、基本的には人なのでしょうか？

M先生：必ずしも人とは限りません。企業や団体のような法人はもちろん、自然や環境、社会などもシステムに対して利害関係を有する場合があります。

Tさん：自然がステークホルダーですか？

M先生：たとえば、風力発電システムを考えてみてください。風力発電システムのステークホルダーとしては、風力発電機を設置した企業、設置された土地の所有者、近隣住民、行政機関、発電された電力を買い取る電力会社など、具体的に行動する関係者は簡単に思い浮かべられますよね。しかし、実際に起きている問題として、渡り鳥が風力発電機の羽に当たって命を落とすこともあるそうです。この場合、渡り鳥もシステムから被害を受けていると感じませんか？

Tさん：命を落とす可能性があるのであれば、被害を受けていると思います。でも、渡り鳥は権利を主張できないので、利害関係者に含めて考えなくてもいいのではないですか？

M先生：たしかに、動物は言葉でその意志を伝えることはできません。しかし、動物たちに代わってその被害を代弁する人や団体が存在することも、忘れてはいけませんよ。社会的なシステムを分析する場合には、とくに注意が必要です。

Tさん：わかりました。今回の問題設定はプロ野球チームに関するものなの

で、ステークホルダーとして選手、監督、観客、経営者、球場、地元、スポンサー企業などが挙げられると思います。

M先生：いいですね。でも、それで本当に十分ですか？　どういう手法を使えばステークホルダーを網羅的かつ効率的に抽出できるでしょうか？

Tさん：あ、ブレインストーミング法と親和図法ですね！　ブレインストーミング法を使って思考を発散させれば、できる限り多くのステークホルダーを挙げられます。その数が多くなってきたら、親和図法を使って抽象度を上げて絞り込んでいくといい、と習いました。

M先生：そのとおりです。発散と収束を繰り返しながら、問題設定に対してふさわしいステークホルダーの数や範囲を見きわめていきましょう。何人挙げれば十分という基準はありません。ただし、問題解決の最初の段階で網羅的にステークホルダーを考えておくことは、後で必ず効果を発揮します。

Tさん：はい、やってみます。少し時間をいただいてよいですか？

M先生：ゆっくり考えてください。そこにあるホワイトボードを使ってかまいませんよ。付箋もあるので自由に使ってください。情報を可視化しながら考えると、効率よくステークホルダーを挙げられますよ。では、私はコーヒーを飲みながらTさんのブレインストーミングを眺めていますね。

練習問題

ブレインストーミング法を用いて、プロ野球の主要なステークホルダーを列挙しなさい。

☞ **ワンポイント・アドバイス**

付箋を用いてステークホルダーを可視化していこう。

練習問題

（ブレインストーミング法で抽出したステークホルダーの数が多い場合）親和図法を用いてステークホルダーの数を集約しなさい。

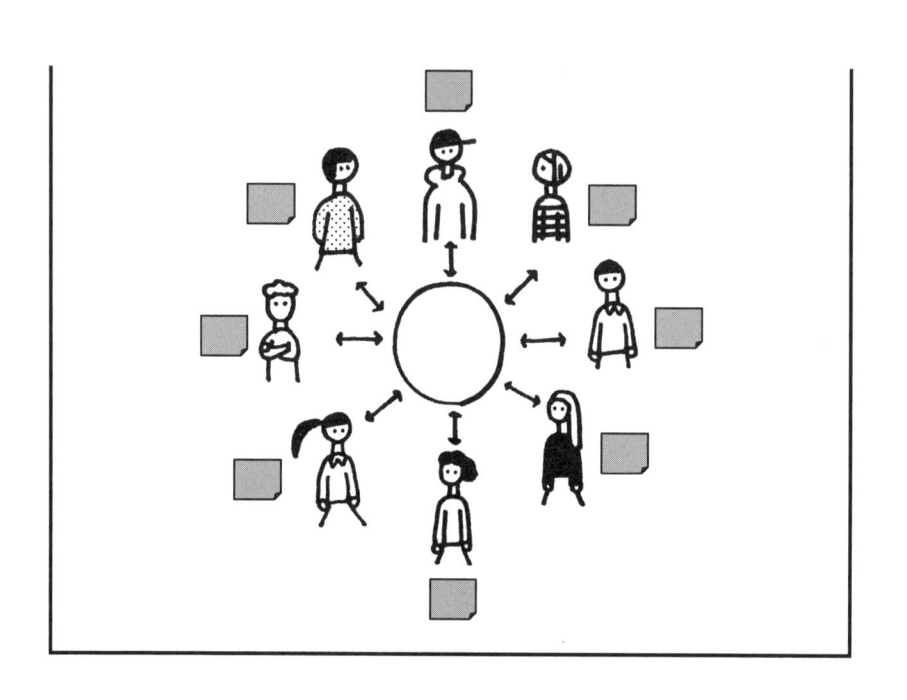

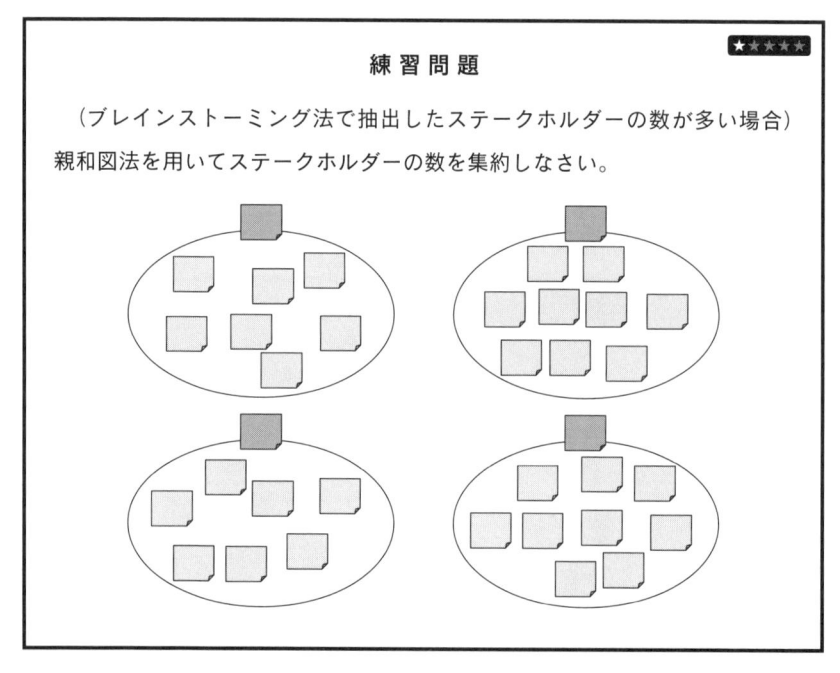

4.5 変数抽出

ステークホルダーの関心事項

Tさん：先生、できました（図4.5）。こんな感じでいかがでしょうか？

M先生：だいぶステークホルダーをリストアップできましたね。いい感じです。では、次に何をすべきですか？

Tさん：システム・シンキングは変数で考える思考技法なので、変数を抽出する必要があると思います。でも、この段階でいつも苦労します。変数がなかなか思い浮かばないのです。どうすればうまく変数を抽出できますか？

M先生：みなさん最初は変数抽出を難しく感じるのですが、その場合は、まず各ステークホルダーの関心事項は何かを考えてみてください。たとえば、最初に挙げた「選手」は何に関心があると思いますか？

Tさん：やはり年棒です。それから、試合に出られるかどうか。監督やチー

図4.5　Tさんが列挙したステークホルダー

　　　　　ムメイトとの相性も心配です。練習環境や自分の才能が伸びる場所
　　　　　かどうかも気になると思います。でも、いちばん心配なのは、成績
　　　　　とか翌年度も継続してそのチームでプレーできることかもしれませ
　　　　　ん。プロの世界は厳しいですから……
M先生：さすが、体育会バレーボール部員ですね。スポーツ選手の気持ちが
　　　　よくわかっているようです。
Tさん：はい、小学生の頃からずっとスポーツに打ち込んできましたから、
　　　　選手の気持ちはだいたい想像できますよ！

練習問題　　　　　　　　　　　　　　　　　　　　　★★★★★

各ステークホルダーについてそれぞれの主要な関心事項を分析しなさい。

☞ **ワンポイント・アドバイス**

　付箋を用いてステークホルダーカードを作成すると、関心事項を整理しやすくなる。また、グループで情報を共有しながら作業する際にも、付箋の活用は有効である。

```
┌─────────────────────┐
│  ステークホルダー名    │
│                     │
│  目的 (Purpose)       │
│  - - - - - - - - -  │
│  - - - - - - - - -  │
│  利 (Benefit)         │
│  - - - - - - - - -  │
│  - - - - - - - - -  │
│  害 (Harm)            │
│  - - - - - - - - -  │
│  - - - - - - - - -  │
└─────────────────────┘
```

関心事項から変数へ

M先生：さて、ステークホルダーの関心事項がだいぶわかってきましたね。
　　　　では、関心事項を変数に変換してみましょう。
Tさん：変数に変換ですか？　いったいどうやって？
M先生：数字で表現されるものはそのままでいいですよね。数字で表現され

ていないものについて、それを測定するためにはどうすればいいかを考えてみてください。

Tさん：わかりました。年棒は金額なのでそのまま変数になります。で、合ってますか？

M先生：はい、いいですよ。そのほかはどうですか？

Tさん：試合に出られるかどうかは出場試合数でしょうか。年間試合数も関係しそうです。

M先生：いいですね、どんどん進めてください。

Tさん：監督やチームメイトとの相性は変数で表現するのが難しいです。あえていうなら、会話数とかコミュニケーション量でしょうか。モチベーションというのかもしれません。練習環境であれば、球場の広さや使える時間の長さ、球団の設備投資額なども変数です。自分の才能が伸びる場所かどうかは、よくわかりませんがコーチの人数が関係するでしょうか。成績は野手であれば打率、打点、ホームラン数、盗塁数、投手なら防御率、奪三振数、捕手なら盗塁阻止率などがあります。翌年度のプレーの可能性については、毎年の解雇者数が関係するでしょうか。新人選手の採用数なんかも気になると思います。

M先生：すばらしいですね、ちゃんと変数に変換できているじゃないですか。

Tさん：本当ですね！　自分でも驚きました。いきなり変数を考えていくのではなくて、まずは関心事項から考えて、そこから順を追って変数に変えていくのですね。変数がどんどん頭に思い浮かんできました。先生、この方法、すごいですね！

M先生：満足するのはまだ早いですよ。次に、先ほど挙げたその他のステークホルダーの関心事項についても考えてみてください。そうすれば、ステークホルダーに関連する変数を網羅的に抽出できますよ。

Tさん：はい！　また、少し時間をいただいていいですか。なんだか楽しくなってきちゃいました。

M先生：もちろん。コーヒー、冷めてきたと思うので入れ直しましょう。

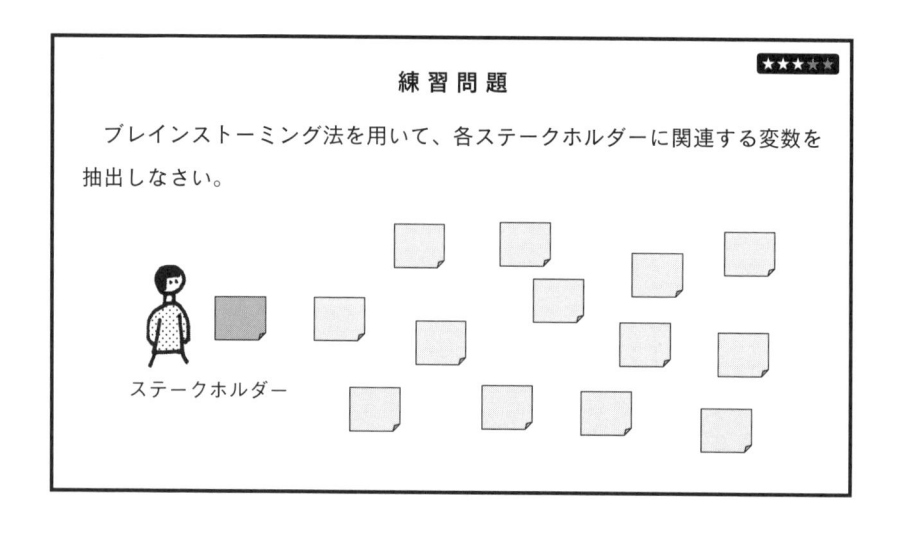

```
┌─────────────────────────────────────────────────────────┐
│                     練 習 問 題              ★★★☆☆      │
│  ブレインストーミング法を用いて、各ステークホルダーに関連する変数を │
│  抽出しなさい。                                           │
│                                                         │
│         👤    ■    □    □      □      □                 │
│                      □    □                □            │
│      ステーク       □           □    □                   │
│      ホルダー          □    □       □                    │
└─────────────────────────────────────────────────────────┘

**Tさん**：先生、なんとかできました（**図4.6**）。こんな感じでどうでしょうか？
**M先生**：よくがんばりましたね。いいですよ。十分かどうかは置いておいて、この変数を使って因果ループ図を作成してみましょう。

## 4.6 因果分析

**問題の本質**

**Tさん**：因果ループ図の作成って、難しいですよね。どこから手をつければいいのでしょうか？ 変数がこんなにたくさんあると、迷ってしまいます。

**M先生**：そうですね。問題の核となる部分から手をつけていきましょうか。今回の問題は何でしたか？

**Tさん**：「強いチームはなぜ強く、弱いチームはなぜ弱いのか？」でした。

**M先生**：では、まず前半部分を考えてみましょうか。「強いチームは強い」、は変数と変数の関係ではありませんよね。でも、この状態でまず因果リンクをつくってみましょうか。

**Tさん**：先生、文章のままどうやって因果リンクをつくるのですか？
```

プロ野球選手	監督／コーチ	プロ野球ファン
年棒・順位・個人成績・練習環境・スキル・モチベーション	順位・勝率・競合度合・スキルアップ率	順位・勝率・競争度合

観客	球場	球団（経営者）
勝率・エンターテインメント・観戦意欲	スタジアム設備・観客動員数・天候・交通渋滞	売上・放映権料・グッズ収入・チケット収入・順位・勝率・観客動員数・選手総年棒・選手平均年棒・選手平均スキル・ファンの数

リーグ事務局	マスコミ（テレビ局／ラジオ局／新聞社）	広告代理店
プロ野球ファン数・各球団の経営状況	視聴率・広告収入	広告収入・視聴率

広告スポンサー企業	地方自治体	地元住民
宣伝効果・視聴率	観客動員数・経済効果	交通渋滞・騒音・経済効果

公共交通機関	サービス事業者
利用者数・交通渋滞	売上・顧客単価・観客動員数・天候

図 4.6　Tさんが抽出した変数

M先生：まず、文章を2つに分割してみましょうか。

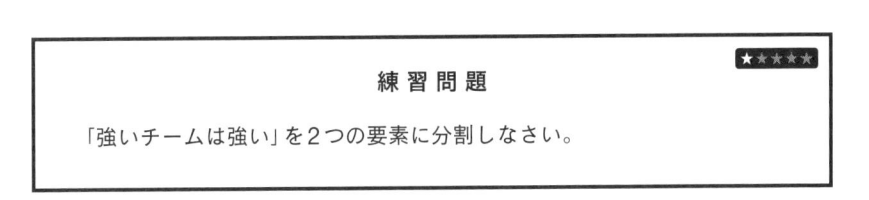

練習問題 ★★★★★

「強いチームは強い」を2つの要素に分割しなさい。

Tさん：先生、できました（**図4.7**）。これは簡単ですね。私でもすぐにでき

因果分析

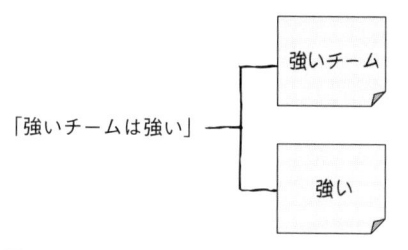

図 4.7　問題をシンプルに表現した文章の分割

ます。
M先生：短い文章で問題を定義できれば簡単ですが、長い文章になるとこの方法は少し難しいですよ。
Tさん：問題を単純化して、短い文章で定義したほうがいいということでしょうか？
M先生：そうですね。問題解決の初期段階においては、抽象度を上げてより本質的な問題としてとらえたほうがいいと私は思っています。最初のうちは情報が不足している場合が多いことも理由のひとつですが、局所的な解決策に落とし込まないようにするための工夫でもあるのです。
Tさん：え〜と、よくわからないのですが……局所的な解決策？
M先生：ごめんなさい。私の説明の抽象度が高かったですね。最初から具体的な現象を議論すると、どうしてもその具体的な現象に特化した解決策が自然と頭に思い浮かんでしまいます。なので、一度問題自体を抽象的にとらえ直して、より本質的な解を志向するよう自分の思考をコントロールするのです。
Tさん：まだ十分理解できていませんが、とりあえず、問題は単純にして、短い文章で表現できればそのほうがいいということですね。
M先生：はい、私はそう思います。具体的な問題であっても、一度抽象化することでその問題の本質が見えることがあるのです。
Tさん：はい、わかりました。

原因と結果

M先生：では、先ほど2つに分割した文章に戻りましょう。前半部分と後半部分で、どちらが原因系でどちらが結果系かを考えてみてください。「強いチーム（は）」が前半部分、そして「強い」が後半部分です。

練 習 問 題 ★★★★★

分割した文章について、それぞれ原因系、結果系の区分をしなさい。

Tさん：え〜と、単純に考えると、「強いチームである」ことが原因となって、そのチームは試合に勝つから「強い」といえるのだと思います。なので、前半部分が原因系で、後半の「強い」が結果系であるような気がします。

M先生：原因と結果の関係が、なんとなく感じられたということですね。

Tさん：はい、まだ感覚的にですが。

M先生：それでOKです。では、因果リンクにしてみましょうか。

Tさん：はい、できました（図4.8）。先生、どうでしょうか？

M先生：いいですね。これは正の因果リンクですか、負の因果リンクですか？

Tさん：たぶん、正の因果リンクじゃないでしょうか？　負の因果リンクには思えないので。

M先生：はい、私もそう思います。では、逆方向での関係も一度考えてくれませんか？

Tさん：え〜と、逆方向というのは、「強い」から「強いチーム」ということ

[原因系]　　　[結果系]

強いチーム → 強い

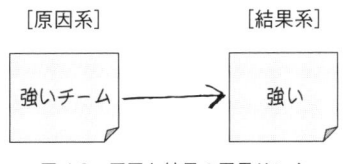

図4.8　原因と結果の因果リンク

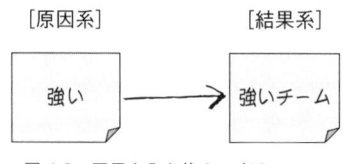

```
        [原因系]           [結果系]
        ┌─────┐          ┌─────────┐
        │ 強い │ ───────→ │ 強いチーム │
        └─────┘          └─────────┘
```
図4.9　因果を入れ換えて考えてみる

でしょうか。
M先生：はい、そのとおりです。
Tさん：先生、これでいいのですか（**図4.9**）？　先ほど原因系と結果系の区分をしたのに、逆パターンも成立するとは思えないんですけど……あ、ちょっと待ってください、なんとなく成立するような気がしてきました。高校時代にバレーボールでインターハイに出場したのですが、私の高校はほぼ毎年県大会で優勝していたんです。それで、すごくバレーボールが強いイメージがあったから、上手な選手が毎年たくさん入学してきました。その結果、毎年強いチームになっていたような気がします。
M先生：すばらしい点に気づきましたね！　2つに分割した文章の前半部分と後半部分を逆にしても、原因と結果の関係性が成立しそうだということですね。
Tさん：はい、強いチームがいい選手を集めてどんどん強くなっていくような好循環が頭に浮かんできました。

因果ループの出現

M先生：Tさん、今、なんていいました？
Tさん：え、強いチームがいい選手を集めて強くなる好循環、ですか？　好循環、循環、あ、ここにループがあるということですか？
M先生：すばらしい！　そう、ループです。
Tさん：まさかの、因果ループですね！
M先生：そう、まさかの因果ループです。では、因果ループ図を描いてみてください。

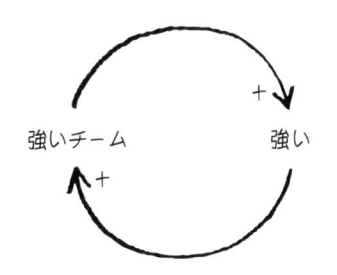

図4.10　文章から作成した因果ループ図

Tさん：わかりました。少し時間をください。え〜と、「強いチーム」から「強い」に正の因果リンクがあって、逆に、「強い」からも「強いチーム」に因果リンクがある。たぶん、正の因果リンクかな。先生、こんな感じでしょうか（**図4.10**）？

M先生：よくなってきましたね。いちおう、ループになったじゃないですか。では、作成した因果ループ図の中の文章を変数に置き換えてみてもらえますか？

Tさん：変数に置き換えるとは、どういう意味でしょうか？

M先生：たとえば、チームの強さを表現するような変数にはどのようなものがあると思いますか？　先ほど挙げたステークホルダーの中からチームや球団に関連する変数をもう一度眺めてみてください。

Tさん：あ、なるほど！　そうですねぇ、選手の個人成績や選手の平均スキル、といった変数は、チームの強さを代弁してくれるような気がします。

M先生：それでいいですよ。では、選手の平均スキルにしましょうか。次に、強さを表すような変数には何がありますか？

Tさん：強いということは試合に勝つということなので、たとえば勝率なんかはどうでしょうか？

M先生：すばらしいですね。勝率を使いましょう。では、先ほどつくってくれたループの「強いチーム」と「強い」の部分をそれぞれ変数に置き換えてみてください。

Tさん：はい、こんな感じになります（**図4.11**）。

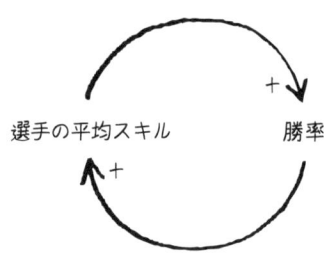

図 4.11　変数に直した因果ループ図

M先生：すばらしいですね。因果ループ図ができていますよ。

Tさん：本当ですね！　ちゃんと変数を使った因果ループになっています。

M先生：システム・シンキングは変数で考える思考技法であることは、すでに教えたとおりです。しかし、初心者にとっては、動きのない変数を扱うのは抵抗があるかもしれません。その場合には、変数に固執せずに、文章を分割して動きを感じながら因果を探してみるのも有効です。ところで、これは何ループかわかりますか？

Tさん：正の因果リンクと正の因果リンクですから、自己強化型ループだと思います。

M先生：そのとおりです。選手のスキルが高いから勝つ確率が高く、勝つ確率が高いから選手の平均スキルが高くなる、というフィードバックが表現されていますね。

飛躍の解消

Tさん：でも先生、何か変です。選手の平均スキルが高いから勝率が高くなるという因果リンクは理解できますが、もう一方の勝率が高いから選手の平均スキルが高くなる、というリンクは素直に納得できません。さっきはなんとなく因果を感じたのですが……

M先生：何か違和感があるのですね？

Tさん：はい、何というか、少し飛躍みたいなものを感じました。

M先生：今何ていいましたか？

Tさん：え、だから飛躍みたいな……あ、飛躍しているんですね、因果の関

係が。

M先生：そうなのです。ここには論理の飛躍がありますよね？　その場合にはどうすればよかったですか？

Tさん：論理の飛躍がある場合には、中間的な変数として何かが欠けている可能性があるので、それを考えてみるように、と講義で習いました。

M先生：では、考えてみましょう。勝率が上がるとどうなりますか？

Tさん：勝つ確率が上がるので、ファンの数や観客数が増えるのではないでしょうか。やはりスポーツは勝つと気持ちいいので。

M先生：では、ファンの数で考えてみましょう。ファンの数が増えるとどうなりますか？

Tさん：グッズの売上とかファンクラブの収入が増えると思います。

M先生：よくなってきましたよ。収入が増えるとどうなりますか？　ほかの条件は同一と考えてください。

Tさん：ほかの条件としては費用があると思いますが、費用が一定であれば、収入が上がる場合には利益も上がります。

M先生：利益が上がるとどうなりますか？

Tさん：使えるお金が増えるので、選手の補強やスタジアムの改修などができるようになります。

M先生：その調子です。投資をおこなって選手の補強をすると、どうなりますか？

Tさん：チームのレベルが上がります。あ、それって、選手の平均スキルのことですか？

M先生：気づきましたか？

Tさん：はい、つながりました。因果の飛躍がある部分について順を追って考えていたら、最後にはもとの議論に戻っていました。

M先生：もうわかりましたね。すでに因果ループができているはずです。そこに描いてみてもらえますか？

Tさん：はい、やってみます。少し時間をください。

M先生：どうぞ。私はコーヒーをおかわりしますね。

> **練 習 問 題** ★★★★★
>
> 上記の議論を踏まえて、因果ループ図を改良しなさい。

進化していく因果ループ図

Tさん：先生、見てください。すべての変数がみごとにつながった因果ループ図ができました（**図4.12**）。

M先生：おめでとう。よくできましたね。どんな気持ちですか？

Tさん：なんかすごく気持ちいいですね。自分の中でもやもやしていた霧がどんどん晴れていくような爽快感があります。システム・シンキングって、こんなに気持ちいいんですね！

M先生：やっと実感できたようですね。

Tさん：はい！ 自分だけで因果ループ図を描いていたときは、頭ではわかっているつもりでも、ゴチャゴチャした図になってしまいました。でも、先生と議論しながら順を追って考えていったら、ちゃんと因果ループ図らしいものができあがっていました。先生って本当にすごいですね！

M先生：どうもありがとう。それが私の仕事ですよ。

Tさん：今日は直接聞きに来てよかったです。あー、スッキリした〜。

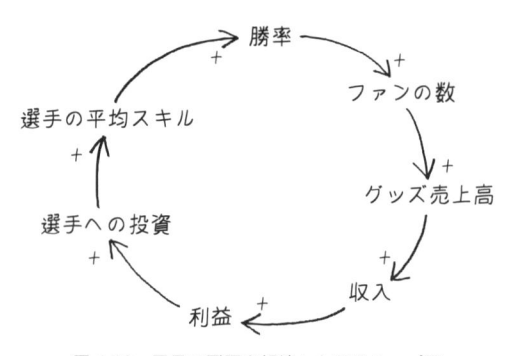

図 4.12　因果の飛躍を解消した因果ループ図

M先生：では、もう一度聞きますが、これは何ループですか？

Tさん：すべて正の因果リンクで構成されているので、自己強化型ループです。

M先生：ファイナルアンサー？

Tさん：ファイナルアンサー！（笑）

M先生：正解です。では、自己強化型ループの特徴は何でしたか？

Tさん：システムに変化をもたらす、と講義で習いました。

M先生：つまり？

Tさん：変化を起こすので、どんどん変化する、どんどん強くなる。あ、なんかわかってきました。このループがあるから、強いチームはどんどん強くなっていくんですね？

M先生：さすがですね。よく気づきました。

Tさん：先生、ほかにもいろいろ変化がありそうな気がしてきました。たとえば、ファンの数が増えれば、スタジアムに足を運ぶ観客の数も増えるのではないでしょうか？

M先生：いいですね。するとどうなりますか？

Tさん：はい、観客数が増えれば、チケット収入が増えます。また、ファンの数が増えるということは、たとえスタジアムにまで足を運べなくても、テレビ観戦をする人も増えると思います。そうすると、試合の中継番組の視聴率が上がるので、テレビ局がチームに支払う放映権料も上がるのではないでしょうか？　影響はひとつではないことがわかってきました。

M先生：すばらしいですね。そこがまさにシステム・シンキングの強みといえる部分です。ところで、いい影響ばかりですか？

Tさん：悪い影響があるか、ってことでしょうか？

M先生：そうです。何かありますか？

Tさん：え〜と、選手への投資を増やせば人件費が上がると思います。人件費は費用の一部なので、費用が上がると当然利益は下がります。あ、またつながりました。先生、すごい！

M先生：では、描き加えてもらえますか？　抽出した中から平均年棒や総年

棒という変数を使ってみてください。

Tさん：はい、選手への投資が増えると選手の平均年棒が上がって、選手の平均年棒が上がると選手の総年棒が上がります。そのまま費用につながって、最後は利益へとつながります（図4.13）。

M先生：すばらしいですね。では、これは何ループですか？

Tさん：はい、奇数個の負の因果ループが含まれているので、バランス型ループです。

M先生：バランス型ループの特徴は何ですか？

Tさん：システムに安定をもたらします。

M先生：つまり、どういうことでしたか？

Tさん：強いチームはどんどん強くなるという変化に対して、変化させないような力が働くということでしょうか。先ほどは、勝率が上がるとファンが増えて収入が上がって利益が上がるので、投資が可能になると考えました。でも、利益に対して安定をもたらすループが存在するとなると、どんどん強くなるという変化が起こり続けることはないような気がします。

M先生：いいところに気づきましたね。ここでは自己強化型ループとバランス型ループが結合して、マルチループシステムを構成していますね。

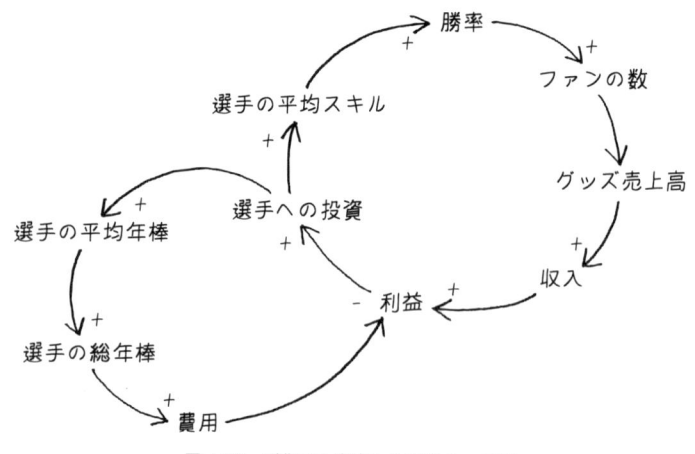

図4.13　副作用も考慮した因果ループ図

講義で人口問題の因果ループ図（図2.15参照）を取り上げたときにも、同じような構造を説明したと思います。

Tさん：はい、出生者数によって人口は拡大する方向で変化するが、同時に死亡者数の増加によって減少する方向でも変化するので、この2つのループが相互作用する形で人口は一定のレベルに落ち着くと習いました。人口が増加するか、減少するかは、どちらのフィードバックループがシステムの中でより支配的かで決まるのですよね？

M先生：よく覚えていますね。そのとおりです。では、そのほかの影響も考えて因果ループ図を完成させてみましょうか。

Tさん：はい、また少し時間をいただいてもいいですか？

M先生：もちろん。Tさんもコーヒーのおかわり、いかがですか？

Tさん：ありがとうございます。いただきます！

練習問題 ★★☆☆☆

因果ループ図を完成させなさい。

4.7 仮説構築

ループに名前をつける

Tさん：先生、だいぶまとまってきました。自分一人で描いたときよりも何だかだいぶ完成に近づいた印象です（図4.14）。いかがですか？

M先生：よくここまでがんばりましたね。上出来だと思いますよ。

Tさん：まだ表現しきれていないループがあるような気がするのですが…

M先生：最初からすべての要素を表現しようとすると、どうなる可能性が高いと思いますか？

Tさん：あ、スパゲティー化です。危ない、危ない。

M先生：まずは、最も基本的な、問題の核となりそうなループをシンプルに

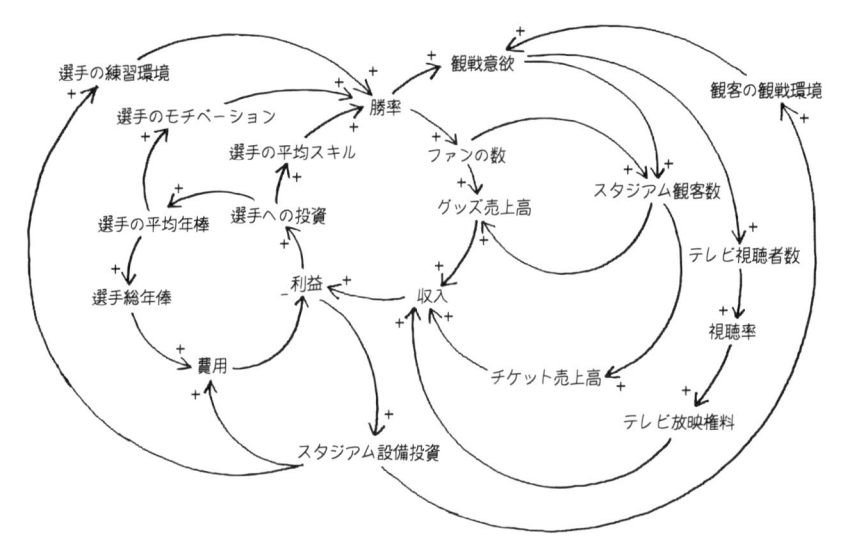

図 4.14 完成に近づいた因果ループ図

表現して、因果の飛躍を感じながら詳細化していってください。そのほかの作用や副作用も、後から必要に応じて追加すればよいのです。間違っても、最初から完璧な因果ループ図ができると過信してはいけません。

Tさん：はい、肝に銘じておきます。

M先生：因果ループ図をほかの人にも理解しやすくするには、どうすればよかったですか？

Tさん：たしか、ループに名前をつけるといいと講義では習いました。

M先生：そのとおりです。では、できあがったループに名前をつけてみましょうか。ループ内のダイナミクスの性質をよく考えて、ふさわしい名前をつけてみましょう。

Tさん：はい。ちょっと考える時間をください。

M先生：もちろん、いいですよ。ゆっくり考えてください。

Tさん：先生、こんな感じでいかがでしょうか（**図4.15**）？

M先生：うまく表現できていますね。さて、最後は仮説構築です。この因果ループ図から何を読み取れそうですか？

130 | 第4章 システム・シンキングゼミナール

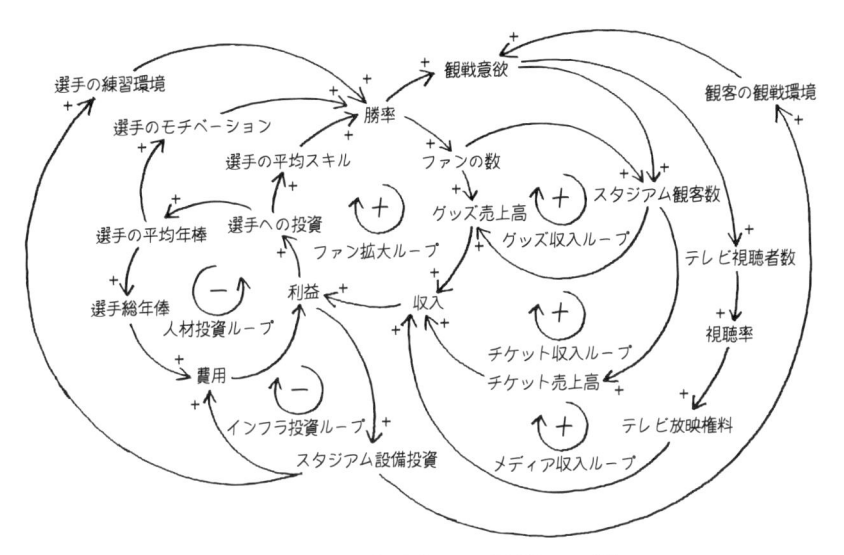

図 4.15　各ループに名前をつけた因果ループ図

練 習 問 題　★★★☆☆

強いチームはなぜ強く、弱いチームはなぜ弱いのか？　上記の因果ループ図から読み取ることのできる仮説を文章で表現しなさい。

仮説として表れるメンタルモデル

Tさん：私の個人的な考えですが、ファン拡大ループが中心にあって、その変化がグッズ収入ループ、チケット収入ループ、メディア収入ループという複数のループへ影響をおよぼします。このあたりはすべて自己強化型ループなので、ファンが増えればどんどん収入が増えて、結果としてチームがどんどん強くなっていくダイナミクスが存在すると考えられます。

M先生：いいですね。ほかにはどうですか？

Tさん：はい。一方で、強くなるためには選手の補強やスタジアムの環境整備をするのですが、そのことが費用の増加となって利益を押し下げ、

仮説構築 | **131**

ファンが拡大するという変化をバランスさせるダイナミクスが存在します。スタジアムの環境整備は選手の練習環境という意味では勝率につながりますし、観客の観戦環境という意味では観戦意欲の増加につながって、結果としてまたファン拡大につながっていきます。

M先生：すばらしい考察です。ところで、問題設定は何でしたか？

Tさん：今考えているのは、「強いチームはなぜ強いのか」です。

M先生：そうですね。システム・シンキングをおこなうときは、今解こうとしている問題は何かをつねに意識してください。問題を一度とらえたら、とらえ続けることがだいじです。それをおろそかにすると、途中で問題がすり替わってしまうことがよくあるのです。では、この問題に対するTさんなりの答えを出せますか？

Tさん：強いチームが強いのは、おそらく、ファン拡大やそれに伴う収入増の自己強化型ループが複数存在して、この影響が強く働いていることが考えられます。そして、人材投資やインフラ投資のバランス型ループがあるのですが、システムの中でより支配的なのは前者の自己強化型ループだから、ということなると思います。

M先生：おめでとうございます。それがTさんの仮説としてのメンタルモデルなのですよ。因果ループ図を使ってうまく分析できたではないですか。

Tさん：本当ですね！　自分でもびっくりしました。因果ループ図を作成する過程で、どんどん影響の広がりが見えるようになりました。それに、以前は見つけることができなかった副作用もはっきりととらえることができました。先生、システム・シンキングって、すごいですね！

M先生：Tさんががんばったからですよ。最後に確認ですが、システム・シンキングをおこなううえでだいじなことは何でしたか？

Tさん：自分一人で考えず、他人と議論しながら考える、比較しながら議論をすることでした。

M先生：では、次に何をすればいいか、もうわかりますね。

Tさん：はい、M先生。今から図書館に行ってクラスメートを探してみます。

ほかのクラスメートはたぶん私とは異なる視点でとらえているはず。その違いを議論してみます。

M先生：その調子です。おっと、そろそろ次の講義の時間です。私は行かなくてはなりません。また質問や疑問が生じたら、遠慮せずにいつでも研究室に来てください。

Tさん：はい、ありがとうございます。またおいしいコーヒーを飲みに来てもいいですか？

M先生：もちろんです！　Tさんとまた議論できるのを楽しみにしていますよ。

Tさん：M先生、今日はどうもありがとうございました。

練習問題 ★★★★★

リーグ全体をシステムとしてとらえて、これをより持続可能なシステムとして再設計するとすれば、どのような改善策が考えられるだろうか。

【解答・解説】

　リーグ全体の活性化を図るために考えなければいけないのは、つねに一人勝ちのチームが出ないようにすることである。なぜなら、同じチームが勝ち続けることは、そのチームのファンにとってはおもしろいかもしれないが、ほかのチームのファンにとってはおもしろいとはいえないからである。勝敗がある程度予想できると、試合におもしろみを感じられなくなり、観戦意欲は低下する。試合観戦に足を運ぶファンの数が減少すれば、勝ち続けていたチームでさえ安定した収益を確保できなくなるであろう。結果として、リーグに所属をするすべてのチームの経営状態が悪化する。

　このような理由から、チーム間の戦力のバランスをとる策が必要になる。チームの強さに一定の均衡が保たれていれば、勝敗はあらかじめ予想できない。勝つか負けるかわからないからこそ、ファンはお金を払ってまで試合を

観にいくのである。実際のプロスポーツリーグでは、優秀な新人プレーヤーの所属チームをくじ引き（前年度の最下位チームから優先的に選択する場合もある）により決定するドラフト制度、チームの総年棒額に上限を設けることで、特定のチームに優秀な選手が集中することを防ぐサラリーキャップ制度などが導入されている。これらはリーグ全体をシステムとしてとらえ、その魅力を保つための介入といえるだろう。

4.8 本章のまとめ

　本章では、M先生とTさんの会話から、システム・シンキングを適用して問題を分析する際のアプローチを、具体的にイメージしてもらった。システム・シンキングは「対象をシステムととらえて分析する思考技法」であり、因果ループ図を描くことが目的ではない。しかし、システムとして考える際に、因果ループ図を描くことが有効な手段であることは間違いない。正しい因果ループ図というものは存在しないが、個々に作成した因果ループ図をみなで共有し議論すれば、問題に対する認識のズレを修正することが可能になる。アルベルト・アインシュタイン博士（Albert Einstein）は、

「ゲームのルールを知ることがだいじだ。そしてルールを学んだあとは、誰よりも上手にプレイするだけだ」

という言葉を残している。新しい思考技法をうまく使いこなすためには、実践あるのみである。小さな失敗を繰り返しながらコツをつかみ、システム・シンキングを自由に使いこなせるようになってほしい。
　次章では、発展学習として、システム・シンキングの定量化について学ぼう。

Column ❼

効率性と創造性

　われわれ日本人は、本当に効率的かどうかは置いておいて、効率性を追求することにかけては世界でも群を抜く存在であると思う。子どもの頃から整理整頓の大切さを教えられ、夏休みには計画表をつくって宿題やアクティビティーをこなす。自由よりも規律、個人よりも集団を重んじる日本人の行動様式が、品質や生産性を重視する日本型ものづくりの基礎になっていることは間違いない。

　その最たる例が、トヨタ生産方式(Toyota production system)に代表される、生産現場でのムリ・ムダ・ムラの排除であろう。単純にいえば、ムリ(overwork)とは能力を超えて何かをすること、ムダ(waste)とは必要以上にすること、ムラ(inconsistency)とはバラつきがあることである。トヨタ生産方式などでは、生産システムの効率性を上げるために、これらの3要素を徹底的に排除することが奨励されている。

　しかし、クリエイティブな結果を創出することを目的とした場合、まったく逆の結論になると筆者は考えている。すなわち、創造性を発揮するためには、ムリ・ムダ・ムラはきわめて重要な3要素として、意図的に残しておくべきだ。

　ムリとは、徹底的に考えることを意味する。独創的なアイデアは一朝一夕に思いつくものではなく、何日も考え続けて、もうこれ以上は出ないとあきらめかけた瞬間にふと思いつくことが多い。自分を追い込むくらい考え続けなければ、本当によいアイデアは生まれない。

　次に、ムダとは、とにかく多くのアイデアを出すことを意味する。効率的に正解を導こうとすると、最初にいろいろなアイデアを出すために時間を割くことを軽視しがちになる。よいアイデアは、より多くのアイデアの中から選び抜かれたからこそ、よいといえる。アイデアを　捨てる覚悟で、最初はアイデアの量を重視する姿勢が大切である。

　最後に、ムラとは、異なるバックグラウンドの仲間と議論することを意味する。いつも同じメンバーで、ほぼ同じ範囲内の知識を用いて、何時間考え続けたとしても、従来の延長戦上にあるアイデアしか出てこな

い可能性が高い。企業内で新商品の企画会議をおこなう際、なぜかどこかで聞いたことのあるようなアイデアしか出てこなかった経験はないだろうか。それはメンバーが固定されていること、あるいは、メンバー属性に多様性がないことがおもな理由である。ブレインストーミング法を用いる際は、メンバーの選び方が結果を左右する。

　今日、システム・シンキングと並んで、デザイン・シンキングなる思考技法が注目されている。これは、上に述べたようなムリ・ムダ・ムラをあえて排除せず、むしろ積極的に受け入れて有効活用することで、創造性を高めるというものである。

第 5 章 —— 発展編

システム・シンキングを定量化してみよう

システム・シンキングは、システム・ダイナミクスと呼ばれるシミュレーション技法から派生して生まれた。したがって、因果ループ図を用いて構築した仮説を検証したい場合、専用ソフトウェアを用いたモデリングの知識が必要になる。本章では、ストック・フロー図と呼ばれるモデル表現法を解説する。

5.1 定性分析から定量シミュレーションへ

これまでに学習した因果ループ図は、分析対象となるシステムに内在する重要な要素を変数として抽出し、変数間の関係性を因果ループ図により視覚的に表現して分析を進める思考技法であった。因果ループ図を描くことで、時間の遅れやフィードバックなどを含めたシステムの振る舞いを定性的に推測できる。しかし、時間の経過とともにシステムの振る舞いにどのような変化が生じるかを定量的に評価するうえでは、その効果に限界がある。すなわち、因果ループ図は問題の明確化と問題の発生メカニズムに対する仮説の構築は可能にするが、解決策の実施によって生じうるシステムへの影響を時系列で定量評価できない。システムの振る舞いの時間変化を定量的に評価するには、コンピュータを用いたシミュレーションが必要となる。そこで、因果ループ図に加えて、**ストック・フロー図**(stock and flow diagram：SFD)と呼

ばれるモデル表現法を学ぼう。

5.2 ストック・フロー図

ストック・フロー図では、ストック、フロー、バルブ、クラウドと呼ばれる4つの要素を用いてシステムの構造を表現する(**図5.1**)。それぞれの図式表現は使用するソフトウェアによって多少異なるが、基本的な考え方は共通である。それでは、各要素の役割と図式表現を学んでいこう。

5.2.1 ストック

ストック(stock)はシステム内における物質[1]などの蓄積を再現する要素で、長方形を用いて表す(**図5.2**)。このストックがシステムの状態を表すとともに、その存在がシステムの振る舞いに慣性と遅れをもたらす。たとえば、企業というシステムを再現する際、従業員数や手元資金は主要なストック変数となる。

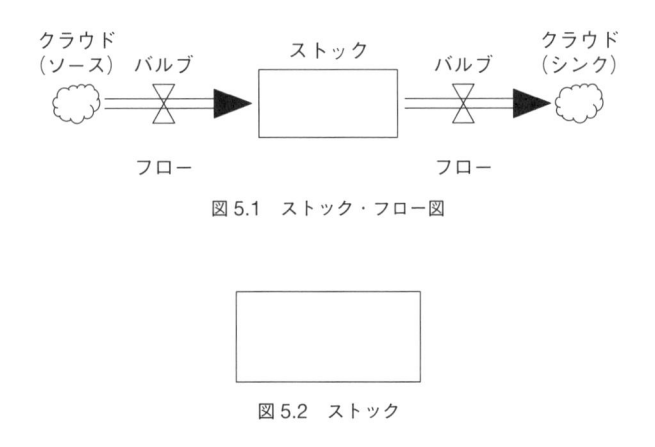

図5.1 ストック・フロー図

図5.2 ストック

---

[1] 変量として表現できれば、必ずしも有形でなくてもかまわない。

5.2.2 フロー

フロー（flow）はシステム内の物質などの流れを再現する要素で、先端に矢印のついたパイプ形状で表現する（**図5.3**）。フローにおける流れの規模は、つねに単位時間あたりの量で表現する。たとえば、「出生数（人）／年」や「流入量（リットル）／時」、「売上（円）／月」などである。

図5.3　フロー

ストック・フロー図では、2種類のフローを考える。すなわち、**インフロー**（inflow）と**アウトフロー**（outflow）である。インフローとは、ストックへの物質などの流入を再現するフローであり、アウトフローとは、逆にストックからの物質などの流出を再現するフローである。たとえば、企業というシステムを考えて従業員数をストック変数とすれば、インフローは採用者数、アウトフローは退職者数となる。また、手元資金をストック変数とすると、インフローは入金、アウトフローは出金となる。

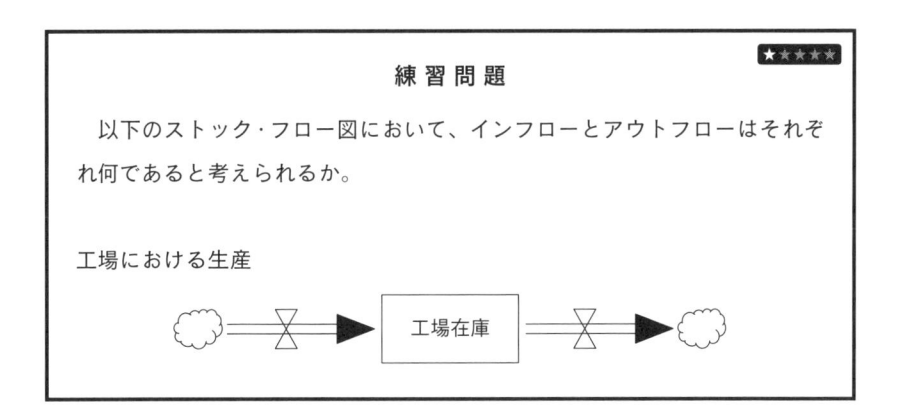

練習問題　★★★★★

以下のストック・フロー図において、インフローとアウトフローはそれぞれ何であると考えられるか。

工場における生産

☞ **ワンポイント・アドバイス**

1つのストックに接続されるインフローやアウトフローは、必ずしも1種類のみとは限らない。

【解答・解説】

インフロー：生産数

アウトフロー：出荷数、廃棄数

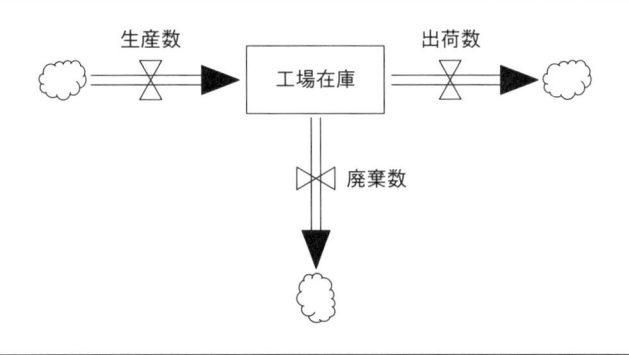

練習問題 ★★★★★

以下のストック・フロー図において、インフローとアウトフローはそれぞれ何であると考えられるか。

地域人口

【解答・解説】

インフロー：出生者数、転入者数

アウトフロー：死亡者数、転出者数

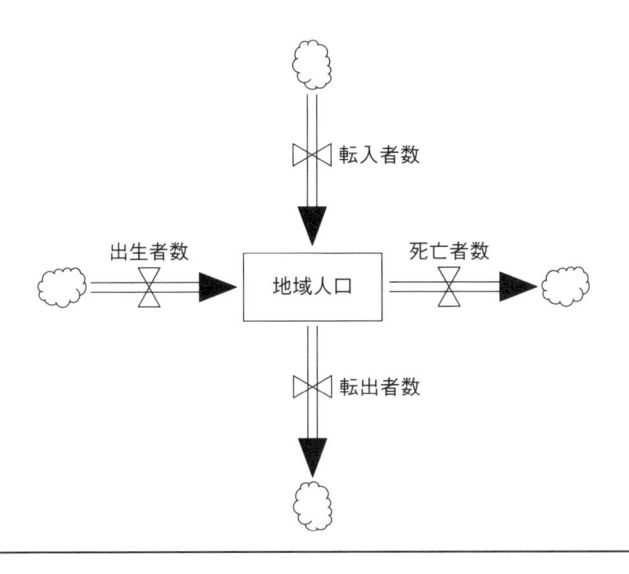

5.2.3 バルブ

バルブ（valve）はフローの流れをコントロールする役目を果たす。表現方法は使用するソフトウェアにより異なるが、システム・ダイナミクスの主要なソフトウェアのひとつであるVensimでは、2つの三角形を上下逆さまに重ねた形状で表す（**図5.4**）。1つのフローには必ず1つのバルブが接続される。前項で、企業というストックに対するインフローは採用者数であり、アウトフローは退職者数であると述べたが、単位時間あたりの採用者数や退職者数をコントロールするのがバルブである。

図5.4　バルブ

5.2.4 クラウド

クラウド（cloud）はシステムの境界を定義する要素で、雲形の形状で表す

図 5.5　クラウド

(**図 5.5**)。フローの始点に接続されたクラウドをとくに**ソース**(source)と呼び、これによりシステム外からシステム内への資源投入を再現できる。逆に、フローの終点、すなわち、矢印の先端に接続されたクラウドをとくに**シンク**(sink)と呼び、システム内からシステム外への資源流出を再現できる。再び企業というシステムを例にとれば、求職者で構成される市場全体がソースであり、退職者が流出する市場全体がシンクということになる。

5.2.5 湖のモデル

　ストック・フロー図を理解するために、**図 5.6**のような湖を想像してほしい。この湖には、水源から水を供給する川が1本流れ込んでおり、また、海へと水を放出する川が1本存在する。湖をストックとして、湖の水の量をストック変数ととらえよう。水源と湖とをつなぐ上流の川の流れがインフローであり、一方、湖と海とをつなぐ下流の川の流れがアウトフローである。また、水源には水が無制限に存在すると考えれば、ソースとしてのクラウドに

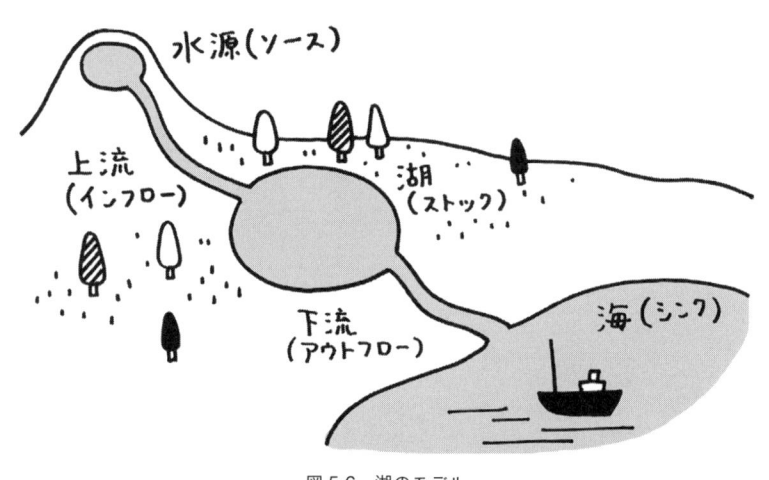

図 5.6　湖のモデル

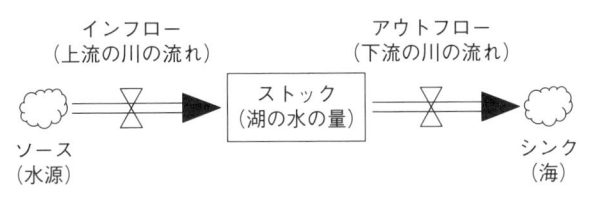

図 5.7 インフローとアウトフロー

なる。また、海には水が無制限に流れ込むことができると考えると、シンクとしてのクラウドになる。この湖をモデル化したストック・フロー図が**図5.7**である。

ここで、現在時刻 t における湖の水量 $Stock(t)$ を知りたいと仮定する。この場合、初期時刻 t_0 の湖の水量 $Stock(t_0)$ と、初期時刻から現在時刻 t までの任意の時間 s における水の流入量 $Inflow(s)$ および流出量 $Outflow(s)$ がわかれば、現在時刻 t における湖の水量 $Stock(t)$ は式①を用いて計算できる。

$$Stock(t) = \int_{t_0}^{t}[Inflow(s) - Outflow(s)]ds + Stock(t_0) \qquad ①$$

湖に対する降雨や地下からの湧水、湖からの水の蒸発や浸透はここでは考慮しなかったが、複数のインフローおよびアウトフローとしてモデル化することは可能である。システム・ダイナミクスでは、ストック・フロー図を用いてシステムをモデル化したうえで、積分方程式および微分方程式を用いてシステムの時系列変化を計算する。数理モデリングの詳細は本書では割愛するので、Sterman (2000) などの文献を参照されたい。

5.3 因果ループ図からストック・フロー図へ

因果ループ図は、変数を用いてシステムの構造を可視化し、その振る舞いを定性的に分析する思考ツールである。これに対してストック・フロー図は、システムの構造を可視的に表現するだけでなく、専用ソフトウェアを用いることでシミュレーションを実行可能なモデルを構築できる、モデリングツー

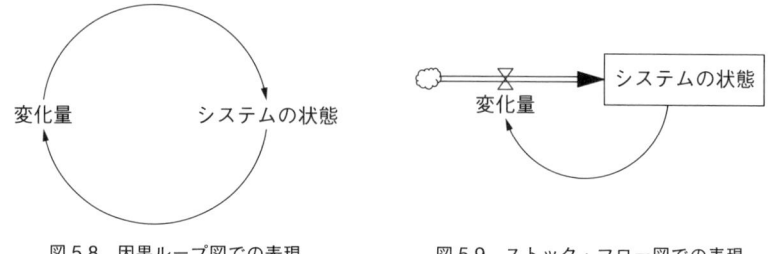

図5.8　因果ループ図での表現　　　　図5.9　ストック・フロー図での表現

ルでもある。シミュレーションを実行するためには、因果ループからストック・フロー図への変換をおこなわなければならない。

　変化量によってシステムの状態が変化する単純な構造を考えよう。変数は「システムの状態」と「変化量」の2つである。**図5.8**は因果ループ図を用いたこのシステムの表現である。「システムの状態」と「変化量」の2変数を相互に矢印で接続することでフィードバック構造を表している。一方、「システムの状態」をストック変数ととらえ、「変化量」をフロー変数ととらえれば、**図5.9**のようなストック・フロー図として表現できる。システムの状態はある時刻の変化量に影響を与え、ある時刻の変化量によってシステムの状態が変化するフィードバック構造である。

　このように、因果ループ図で描かれたシステムの構造は、ストック変数、フロー変数を見きわめることで、ストック・フロー構造へと変換することが可能である。

5.4 ソフトウェアを用いたモデル構築

5.4.1 ソフトウェアのインストール

　現在ではVensim、Stella、Powersim、AnyLogicなどの操作性にすぐれたソフトウェアが普及しており、これらを利用することでプログラミング言語の知識がなくてもシミュレーションを実行可能なモデルを構築できる。教育研究目的の個人使用に限り無料で利用できるソフトウェアとしてVensim

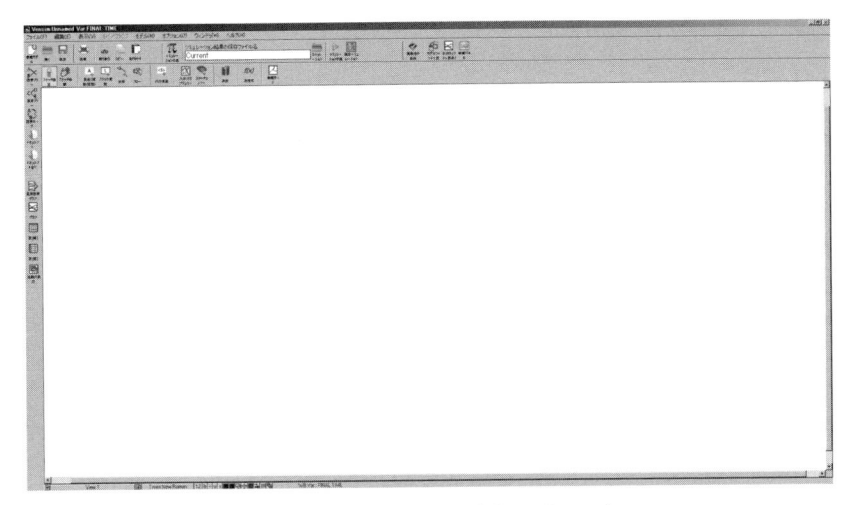

図 5.10　Vensim PLE のスクリーンショット

PLE (Personal Learning Edition) がある。Vensim PLE は Ventana Systems 社のウェブサイト[2]から無償でダウンロード可能である。また、AnyLogic も教育目的および個人学習に限り、無償かつ期限なしで利用できる PLE を提供している (AnyLogic 社のウェブサイト[3]参照)。本節ではこの先、Vensim PLE (図5.10) を用いたモデリングの簡単な例を紹介する[4]。

5.4.2　銀行預金のモデリング

簡単なモデルを構築しながら、ストック・フロー図の基本を理解しよう。まず銀行預金をシステムとしてモデル化することを考える。銀行口座に預金をすると、預金額と利子率に応じて利子が発生する。利子は預金額に加算され、増加した預金額に対してまた利子が発生する。これが銀行預金を単純化したシステムの構造である。

2　http://vensim.com/
3　http://www.anylogic.jp/
4　Vensim PLE では、英語での画面表示がデフォルトとなっているが、日本語に切り替えることができる。日本語に切り替えたい場合には、タスクバーから [Options] → [Language] → [Japanese] を選択し、ソフトウェアを再起動すればよい。

因果ループ図の作成

まずは、この銀行預金のシステムを因果ループ図で表現してみよう。変数は預金額、利子、利子率の3つであるが、システムの状態を表現するのは預金額である。一方、変化量を表現するのは利子である。したがって、**図5.11**のような因果ループが描ける。利子が増えれば預金額は増え、預金額が増えれば利子も増えるという自己強化型のフィードバック構造を示している。

ここで、利子の金額は預金額と利子率の積で算出されるものと仮定しよう。この場合、利子率を因果ループ図に盛り込むと**図5.12**のようになる。預金額と利子率の情報にもとづいて利子の金額が計算され、その利子が加算さ預金額に加算される、という構造である。増加した預金額の情報は、再度利子を計算されるために用いられる。

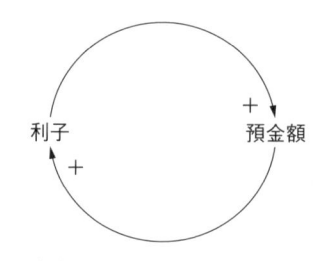

図 5.11　銀行預金の因果ループ図（利子と預金額）

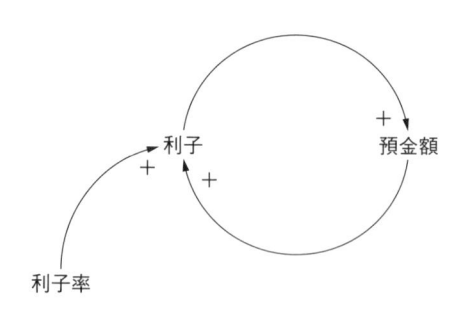

図 5.12　銀行預金の因果ループ図（利子と預金額と利子率）

モデル構築

図5.13はVensimを用いて上記の銀行預金のシステムをモデル化した図で

利子＝預金額(t)×利子率

$$預金額 = 預金額(t_0) + \int_{t_0}^{t} 利子$$

図5.13　銀行預金モデル（完成図）

　ある。最終的にこの図を完成させるイメージを持ってほしい。
　まず、ストックとなる変数は預金額である。このとき、預金額を「ストック変数(Stock Variable)」または「レベル変数(Level Variable)」と呼ぶ。Vensimでは、タスクバー上ある「ストック変数(Box Variable)」と書かれた長方形のアイコンをクリックし、選択した状態のままスクリーン上の任意の場所にカーソルを移動し、左クリックをする。名称を記入するボックスが表示されるので、そこに「預金額」と打ち込み、キーボード上のEnterを押す。すると、スクリーン上に預金額のストック変数が表示される（図5.14）。
　次に、フローを接続しよう。図5.13では、ストックに利子というインフローが接続されている。このとき利子を「フロー変数(Flow Variable)」、または「レイト変数(Rate Variable)」と呼ぶ[5]。Vensimを用いた操作では、タスクバー上にある「フロー（Rate）」と書かれたアイコンをクリックし、選択した状態でスクリーン上の任意の場所にカーソルを移動し、左クリックをする。するとソースとしてのクラウドが表示される。その状態を保持したままカーソルをストック変数である預金額の上に移動させ、再度左クリックをする。最後にフロー変数の名称を入力するボックスが現れるので、「利子」と打ち込んでEnterキーを押す。すると、ソースのクラウドとストックをつなぐ利子の

図5.14　銀行預金モデル（ストックのみ）

5　ソフトウェアの種類により呼び方が異なる。

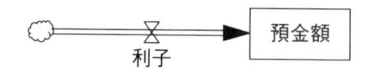

図5.15　銀行預金モデル（ストックにフローを持続）

フローが現れる（**図5.15**）。

　次に補助変数を設定しよう。利子の計算にはストック変数である預金額の情報のみならず、利子率の情報が必要である。この利子の計算に用いる利子率はストック変数でもフロー変数でもなく、「補助変数（Auxiliary Variable）」と呼ばれている。今回のモデルでは、単純化のために利子率は一定と考えよう。Vensimを用いた操作では、タスクバー上にある「変数（Variable）」と書かれたアイコンをクリックし、選択した状態のままスクリーン上の任意の場所にカーソルを移動し、左クリックをする。すると補助変数の名称を入力するボックスが現れるので、「利子率」と打ち込んでEnterキーを押す。すると、スクリーン上に「利子率」が表示される（**図5.16**）。

　ここでモデルの完成図（**図5.13**）を再度確認しよう。預金額というストック変数、および利子率という補助変数の2つから実線の矢印が出ており、利子というフロー変数に接続されている。これは、利子を計算する際には、預金額の情報と利子率の情報が用いられることを意味する。このような、ある変数がある変数の計算に用いられるという関係性を、ストック・フロー図では実線の矢印の接続により表現する。実線の矢印はフロー（物質などの流れ）を表現するものではなく、あくまでシステム内での情報の流れを記述するものである。Vensimを用いた操作では、タスクバー上にある「矢印（Arrow）」と書かれたアイコンをクリックし、選択した状態のままで矢印の接続元となる変数を一度クリックする。次に、接続先となる変数を再度クリックする。

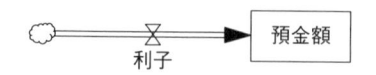

利子率

図5.16　銀行預金モデル（補助変数として利子率を加える）

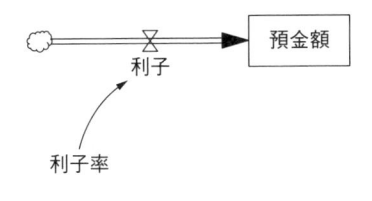

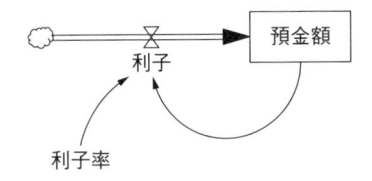

図5.17　銀行預金モデル（変数どうしを接続する）

すると、実線の矢印がスクリーン上に表示され、変数どうしが接続される。この操作を利子率→利子、預金額→利子、と2回おこなう（**図5.17**）。（完成図にある矢印先端近くの＋の表記は、因果ループ図との関係性を理解するためにあえて記載したもので、シミュレーション用のモデルには記載する必要はない。）

ワインポイントアドバイス

　ここで重要なのは、ストックの中身を変化させられるのはフローのみであり、補助変数から実線により描かれた矢印を直接ストック変数に接続しても、ストックの中身を変化させることはできない、ということである。実線により描かれた情報の流れとフローはモデリング初心者が混同しやすい要素なので、違いを覚えておいてほしい[6]。

方程式の定義

　最後に、変数間の計算式と各変数の値の設定をおこなう。Vensimの操作では、タスクバー上にある「方程式（Equations）」と書かれたアイコンをク

6　例外として、Vensimでは、補助変数を用いてストック変数の初期値を設定したい場合、補助変数とストック変数を接続することも可能である。

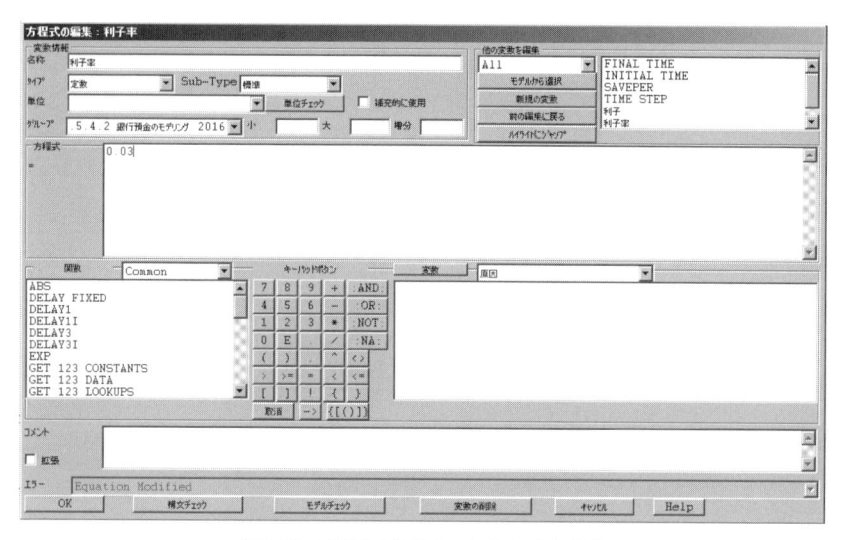

図5.18 方程式の編集ウィンドウ（利子率）

リックすると、定義する必要のある変数について、背景が黒色に変化する。今回のモデルでは、利子率、利子、預金額の3変数の背景が変化したはずである。

補助変数である「利子率」をクリックしよう。すると、利子率の値を定義するウィンドウ（**図5.18**）が表示されるので、「方程式（Equations）」の右横のウィンドウに利子率の値を入力する（下記のシミュレーション実行例では3%なので「0.03」と入力）。入力が終わったらウインドウの左下に表示されたOKをクリックする。数値の入力が適切におこなわれていれば、変数の背景は黒色からもとの白色に戻っているはずである。

次に、フロー変数である「利子」をクリックしよう。再度、利子を設定するウィンドウ（**図5.19**）が表示される。利子は預金額と利子率の積で計算されるため、ここでは値ではなく、「方程式（Equations）」の右横のウィンドウに利子を計算するための方程式を入力する。ここでウィンドウ右下の「変数（Variable）」枠を見てほしい。ここにはモデル構築に用いた変数のうち、利子の計算に用いることができる変数が表示されている。言い換えれば、実線を用いて利子に接続したもとの変数が表示されている。今回のモデルでは「利

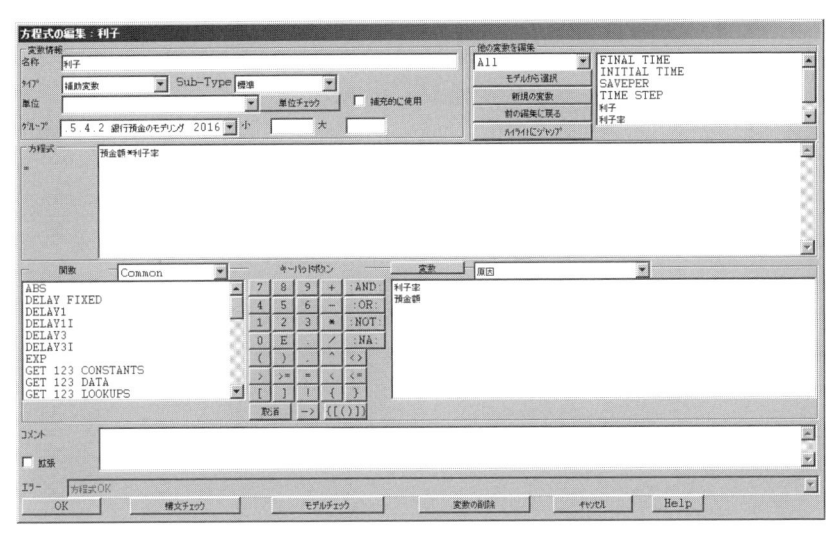

図 5.19　方程式の編集ウィンドウ（利子）

子率」と「預金額」が表示されているはずなので、この2変数を用いて計算式を「預金額×利子率」と定義しよう。四則演算などを定義するには、ウィンドウ中央にあるキーパッドを用いることが望ましい。キーボードの違いによる誤入力を防ぐためである。入力が終わったら「OK」を押す。

　最後に、ストック変数である「預金額」を定義しよう。今回のモデルでは、ストックに接続されたフローは「利子」というインフローが1種類である。したがって、「方程式（Equations）」には利子を入力する。適切にフローの接続がなされている場合、Vensimが自動的に利子を入力しているが、念のため確認する。ストック変数の定義で重要なのは、初期値の設定である。「方程式（Equations）」の下に「初期値（Initial Value）」の欄が表示されているので、ここに図5.20のように初期値を数値で入力する（下記のシミュレーション実行例では100万円なので「1000000」と入力）。入力が終わったらOKを押す。

　モデルの構築はこれで完了である。さっそく、シミュレーションを実行してみよう。

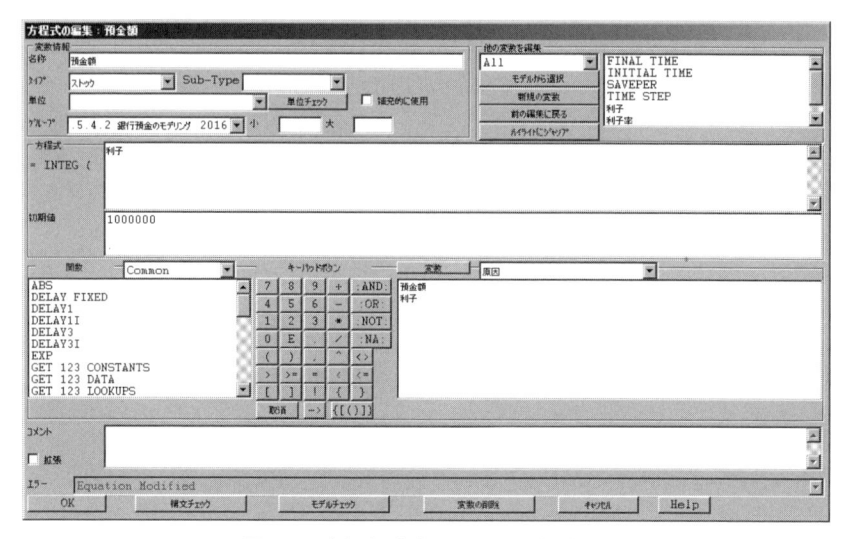

図 5.20　方程式の編集ウィンドウ（預金額）

シミュレーションの実行

　シミュレーションを実行するためには、まずセットアップをおこなってモデルに不具合がないかを確認する必要がある。Vensim タスクバーの上部にある「シミュレーションの準備 (Sim Setup)」のアイコンをクリックする。すると、「シミュレーションの準備 (Sim Setup)」のアイコンが赤色に変化する。モデルになんらかの定義漏れや定義ミスがある場合、その内容がソフトウェアにより表示される。モデルが適切に構築されている場合、変数の背景が水色に変化する（**図 5.21** では、利子率の背景色が変化している）。これは、シミュレーションが実行可能であることを意味している。

　また、シミュレーションにはその前提となるシナリオが必要である。今回は預金額の初期値を100万円、利子率を年率3％、モデルの時間単位を年、シミュレーション期間を100年としたシナリオを用いるが、このシナリオに名前をつけておこう。赤く変化した「シミュレーションの準備 (Sim Setup)」の右横にある「シミュレーション結果の保存ファイル名 (Simulation results file name)」に「利子率3％」と入力する（**図 5.21**）。これで、上記シナリオにもとづくシミュレーション結果が「利子率3％」の名前でファイルとして保存

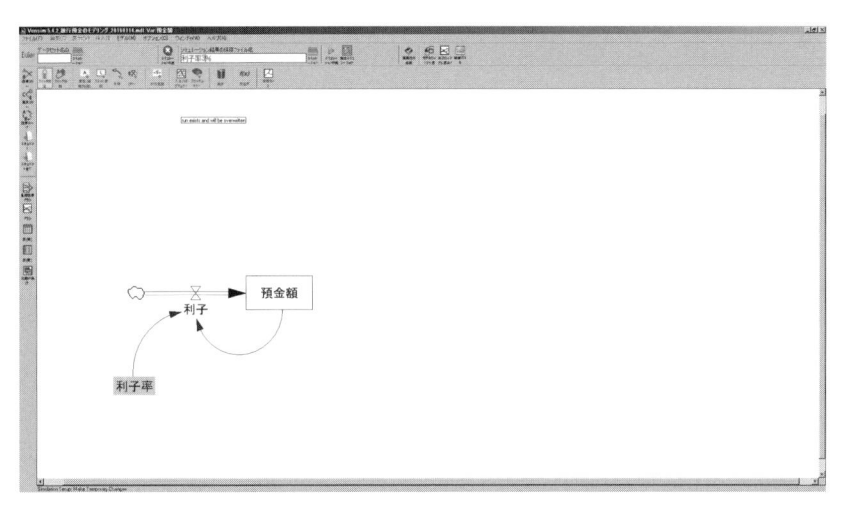

図 5.21　シミュレーションのセットアップ

される。なお、名称は任意に設定できる。

　シナリオ名称の設定が終わったら、いよいよ実行である。タスクバー上部にある「シミュレーションの実行 (Simulate)」のアイコンをクリックする。この例のような単純なモデルであれば、シミュレーションは一瞬で終わるはずである。シミュレーション結果を確認するには、確認したい変数をクリックし、選択した状態のまま、サイドバーに設置された「グラフ (Graph)」アイコンや「表 (Table)」アイコンをクリックする。可視的に確認したい場合はグラフで、定量データを用いて解析したい場合には表形式で結果を確認すればよい。

　図 5.22 は預金額の初期値を 100 万円、利子率を年率 3％、モデルの時間単位を年、シミュレーション期間を 100 年として計算した場合の預金額の時系列変化を示したグラフである。時間の経過とともに、預金額が指数関数的に成長していることがわかる。これは、利子がつけば預金額が増え、増えた預金額に対してまた利子がつくという、自己強化型のフィードバックがシステム内で働いているためである。

　さらに、ストック・フロー図を用いたシミュレーションでは、利子率の設定値を変化させながら、システムの振る舞い (ここでは、預金額の時系列変化)

ソフトウェアを用いたモデル構築 | **153**

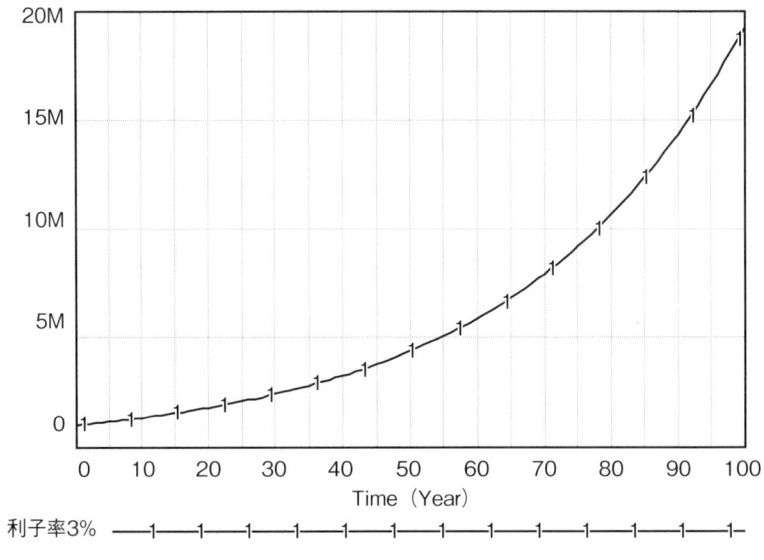

図 5.22　銀行預金モデルのシミュレーション結果（単位：100 万円 , 利子率 3 ％）

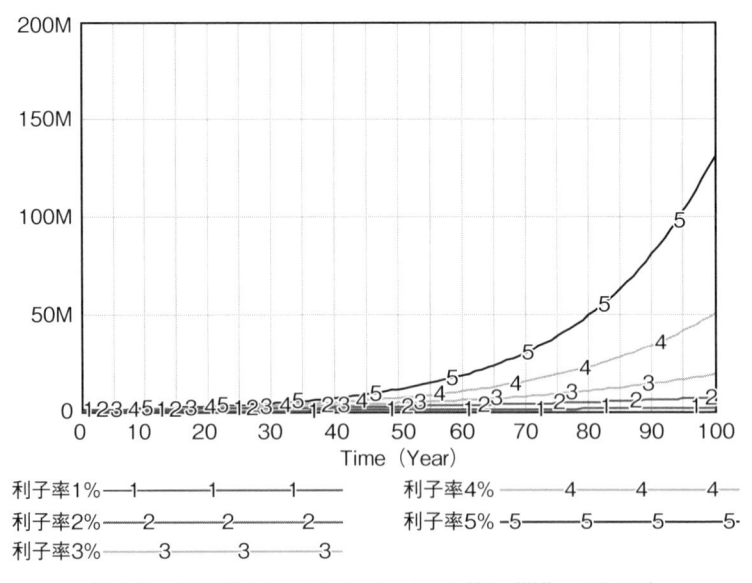

図 5.23　銀行預金モデルのシミュレーション結果（単位：100 万円）
　　　　（利子率を変化させてシステムの振る舞いの違いを観察する）

154 ｜ 第 5 章　システム・シンキングを定量化してみよう

の違いを観察することが可能である。**図5.23**は、利子率を1％から5％まで1％刻みで変化させた場合の結果を示したグラフである。Vensimのグラフ作成機能（ウィンドウ→コントロールパネル→グラフ→新規）を用いれば、6変数まで同時にグラフ上に表示可能である（PLEの場合）。このように、複数のシナリオにもとづくシミュレーション結果を同時に示せば、利子率が増加すると預金額の増加量も大きくなることがわかるだろう。

5.4.3 S字型成長のモデリング

少しレベルを上げて、インフルエンザなどの感染症を再現したモデルを構築してみよう。ある隔離された地域を想定し、単純なモデル化を試みる。この場合、その地域の全人口N、非感染者数S、感染者数I、時刻tにおける感染者発生数P、感染力iと接触頻度cという6種類の変数（**表5.1**）を用いてモデルを構築することができる。

表 5.1　感染症普及モデルで用いる変数

変数名	記号	単位	備考
全人口	N	人	ある地域内の人数
非感染者数	S	人	感染していない人数
感染者数	I	人	感染している人数
感染者発生数	P	人／日	単位時間あたりに発生する感染者数
接触頻度	c	人／日	ある人が単位時間（1日）あたりに接触する人数
感染力	i	％	感染者と接触した結果、その人が感染する確率

モデル構築

今回のモデルでは、感染が発生するかどうかは、地域内の感染者と非感染者とが直接接触した結果、感染力の強さに応じて確率的に決定するものと仮定する。すなわち、接触がなければ感染は発生しない。また、感染者と接触した非感染者は、一定の確率で感染を免れる。

時刻tの単位を日とし、あるtにおける感染者発生数$P(t)$を求めたいとす

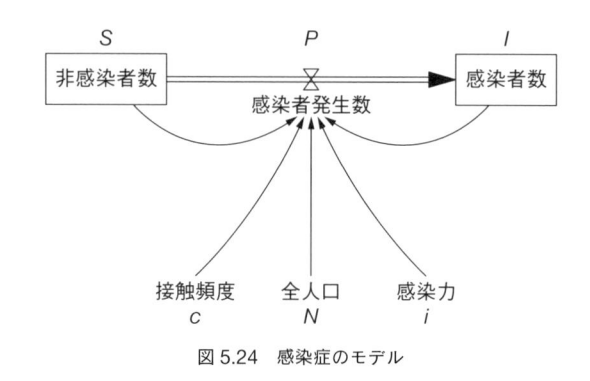

図 5.24　感染症のモデル

る。まず、時刻 t において地域内の非感染者がその地域内の誰かに接触する人数については、

　　　非感染者数 S ×接触頻度 c

で求まる。次に、接触が発生したとき、接触した相手がインフルエンザの感染者である確率は、

　　　感染者数 I ／全人口 N

である。したがって、これらと感染力 i (接触した結果、インフルエンザに感染してしまう確率を表す)を用いて、時刻 t における感染者発生数 $P(t)$ は、

$$P(t) = S \times c \times \frac{I}{N} \times i$$

で求められる。

　この式をもとに、Vensim PLE を用いて作成したストック・フロー図が**図 5.24**である。非感染者が感染者へと遷移するフローが1種類あり、フロー変数は感染者発生数である。この感染者発生数は非感染者、接触頻度、全人口、感染力、感染者数の情報を用いて計算されることが、モデル表現から読み取れる。モデリングの詳細については、Sterman(2000)などを参照してほしい。

シミュレーションの実行

　シミュレーションでは、一般に複数のシナリオを作成し、結果を比較する

ことで有意な知見を導出する。このときに重要なのが、ベースライン（baseline）の設定である。考えうる最も妥当な値の組み合わせをパラメータ値として入力したシナリオを、ベースラインシナリオ（baseline scenario）と呼ぶ。また、ベースラインにもとづいてシミュレーションを実行し、ほかのシナリオにもとづく評価結果と比較する際の基準となる結果を得ることを、ベースラインシミュレーション（baseline simulation）と呼ぶ。

今回はベースラインシナリオとして、シミュレーション期間を0～100日、時間単位を日、地域の全人口Nを10,000人、インフルエンザ感染者数の初期値$I(t_0)$を10人（したがって、非感染者数の初期値$S(t_0)$は9,990人）、接触率cを5人／日、感染力iを3%としたシミュレーションを実行する。その結果を**図5.25**に示す。感染者発生数は徐々に拡大し、50日目手前でピークを迎え、やがて収束していく様子が読み取れる。

次に、感染者数の初期値をベースラインの10人から100人に上げた条件や、1人へと下げた条件設定でシミュレーションを実行してみよう。感染者数の初期値が大きい条件設定は、インフルエンザ感染者が初期段階に多数存在する場合にあたる。逆に、初期値が小さい条件設定は、水際対策などを適切におこなった結果、感染者があまり地域に流入してこなかった状態を指す。

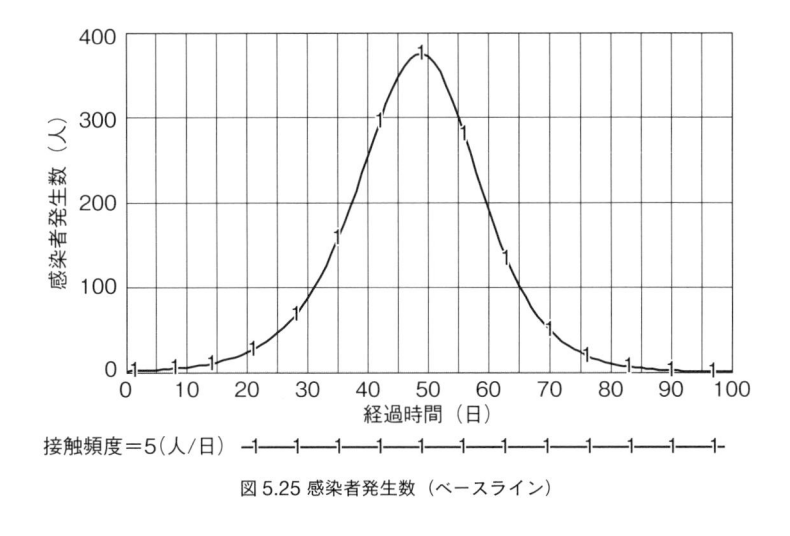

図5.25 感染者発生数（ベースライン）

図 5.26 はこれらのシミュレーション結果を示したものである。

　注目すべきは、感染者数の初期値を上げると初期における感染者増加速度がベースラインに比較して速くなり、感染者発生数が最大値に到達するタイミングがベースラインより早い時期にシフトしていることにある。また、その最大値はベースラインの結果と変わらない点にも注目してほしい。すなわち、初期値の増加は、感染者発生数がピークを迎える時期を早める効果があるものの、ピーク時の患者数、すなわち、地域における感染症の深刻さは変わらないのである。一方、感染者数の初期値を下げた場合、感染者発生数がピークを迎える時期を遅らせる効果はあるものの、最大値はベースラインと同じである。これは、水際対策などをおこなって初期感染者の数を少なくしても、ピーク時期を後にシフトをさせるだけで、事象としての深刻さにあまり影響はないことを示唆している。

　ただし、初期感染者が0人であれば感染の発生自体が起こりえないので、水際対策を完璧におこなうことは重要な意味を持つ。一方、一度感染者が地域内に発生してしまった場合には、別の手段で対応する必要があることも示唆している。

　こんどは、接触頻度 c を3人／日あるいは10人／日と設定し、それ以外は

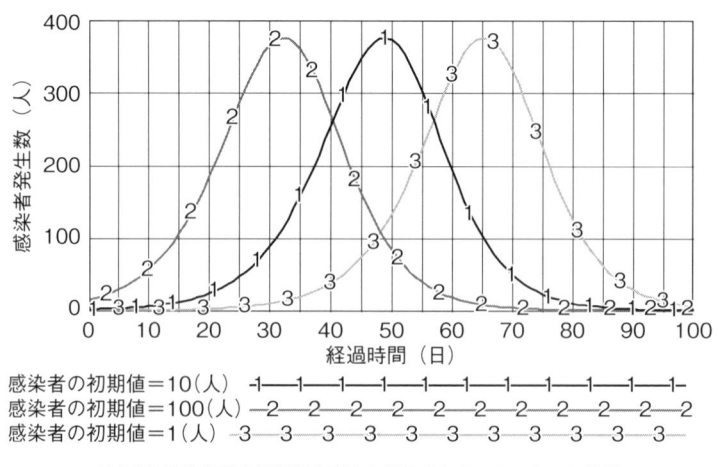

図 5.26 感染者数の初期値を変えた場合のシミュレーション結果

同じ条件でシミュレーションを実行してみよう。その結果を**図5.27**に示す。これらを比較すると、接触頻度を下げることで、インフルエンザの感染スピードを遅らせることができるのみならず、単位時間あたりの感染者発生数の最大値（ピーク）をも低く抑えられることがわかる。一方、接触頻度をうまくコントロールできず逆に上がってしまうと、地域内で感染がピークを迎える時期が早まるだけでなく、感染発生者数の最大値も増加し、感染の深刻さが増すことが読み取れる。

　インフルエンザが流行の兆しを見せた場合、教育機関などで学級閉鎖措置をとることがある。この措置には、学生間で学習進捗の足並みをそろえる目的のほかに、学生どうしの接触頻度をできる限り小さくし、感染拡大を最小限に抑えようという意図が存在するのである。学級閉鎖は、接触頻度を適切にコントロールする措置であるといえる。

　ストック・フロー図を用いてシミュレーション実行可能なモデルを構築することで、このような複数の条件設定でシステムの将来状態を見きわめることが可能になる。定量的なモデリング・シミュレーションの価値はまさにここにある。

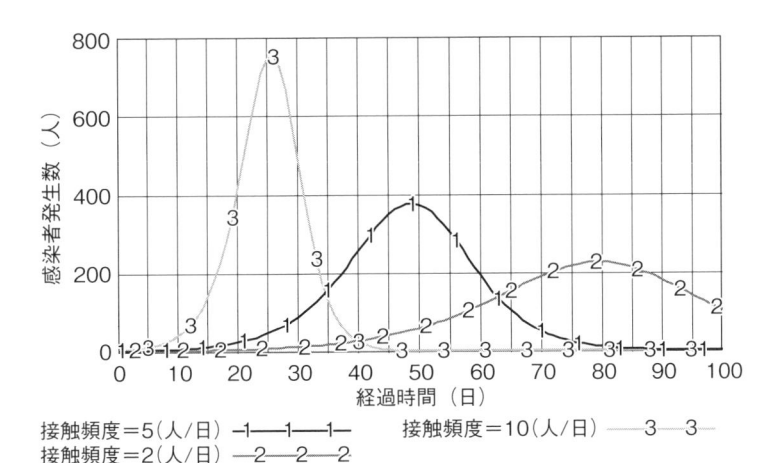

図5.27　接触頻度を変えた場合のシミュレーション結果

5.5 本章のまとめ

　本章では、システム・ダイナミクスと呼ばれるシミュレーション技法の基礎を紹介した。新たなモデル表現法として、ストック・フロー図について学んだ。第1～4章で学習した因果ループ図は、変数を用いてシステムの構造を可視化する思考ツールであった。本章で学習したストック・フロー図は、システムの構造を可視的に表現するだけでなく、専用ソフトウェアを用いることで、シミュレーションを実行可能なモデルに変換できる。モデルのパラメータ設定値を変化させながら、複数のシナリオにもとづいて、時系列でのシステムの振る舞いを観察・予測することが可能になる。ただし、本章で得られる基礎知識だけでは本格的なシミュレーションをおこなうには不十分なので、巻末に示す専門書を参考にしながら学習を継続してほしい。

Column ❽

信 頼 性 と 妥 当 性

　信頼性（reliability）と**妥当性**（validity）は心理学の実験設計や教育学における試験設計において必要不可欠な検討事項だが、システム設計をするうえでも重要な概念である。しかし、一般的な理解としてこの2つの用語の違いを意識することは、きわめて稀である。信頼できること（reliable）と妥当であること（valid）はどのように違うのだろうか。ダーツを例に考えてみよう。

　ダーツとは、円形の的に向かって手で矢を投げる遊びである。的には中央から同心円上に複数の円が描かれ、また、中心から放射状に直線が引かれている。これらの線で囲まれてそれぞれの領域に得点が配置されている（**図3.28**）。矢を投げて当たった領域の合計得点を競うのであるが、的を外れると得点はいっさい加算されない。

　今、このダーツをAさん、Bさんの2名がプレーしている。Aさんはいつも同じ場所に矢が当たる。一方、Bさんはいつも同じ場所に矢があたるわけではないが、いつも的に矢が当たる。この場合、いつも同じ結果を生み出すことができるAさんは信頼性が高いといえる。Bさんはいつも同じ結果を出すわけではないので信頼性は高くないが、少なくとも的にはいつも当たるので妥当性が高いといえる（**図3.29**）。仮にAさんがいつも矢を当てる場所が的の外だったとしよう（**図3.30**）。この場合、信頼性は高いが妥当性は低いといえる。

図3.28　ダーツの的

図 3.29　妥当性はあるが信頼性はない

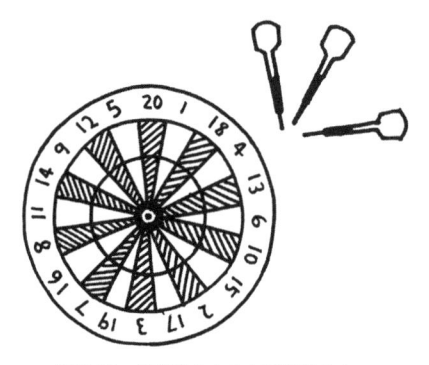

図 3.30　信頼性はあるが妥当性はない

column ❾

検証と妥当性確認

　検証 (verification) と妥当性確認 (validation) は似て非なる概念である。システムズ・エンジニアリングに関する国際学会INCOSE (International Council on System Engineering) では、それぞれ以下のように定義されている[7]。(INCOSE SE Handbook ver.3.2)

[検証]
Confirmation, through the provision of objective evidence, that specified requirements have been fulfilled. (明文化された要求仕様が満たされていることを、客観的な証拠にもとづいて確認すること)

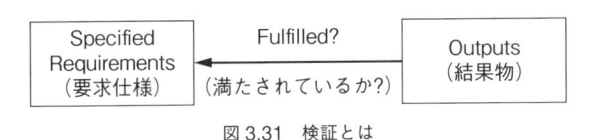

```
┌─────────────┐   Fulfilled?      ┌─────────┐
│ Specified   │ ◀──────────────── │ Outputs │
│ Requirements│ (満たされているか?) │ (結果物) │
│ (要求仕様)  │                   │         │
└─────────────┘                   └─────────┘
```

図3.31　検証とは

[妥当性確認]
Confirmation, through the provision of objective evidence, that the requirements for a specific intended use or application have been fulfilled (特定の意図や用途に対する要求が満たされていることを、客観的な証拠にもとづいて確認すること)

```
┌─────────────┐   Fulfilled?      ┌─────────┐
│ Specified   │ ◀──────────────── │ Outputs │
│ Intentions  │ (満たされているか?) │ (結果物) │
│ (意図)      │                   │         │
└─────────────┘                   └─────────┘
```

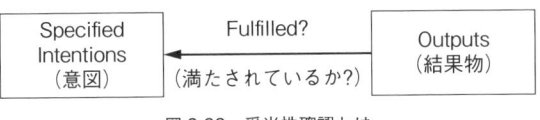

図3.32　妥当性確認とは

7　ただし、ほかの定義もある。

すなわち、どちらも客観的事実や証拠にもとづいて何かが満たされているかを確かめるという点では共通するが、対象が異なる。検証は要求仕様が対象となるのに対して、妥当性確認で対象となるのは顧客の意図や用途である。
　具体例を示して理解を深めよう。ある日、あなたは本を読んでワクワクする時間を過ごしたいと考え、友人に頼んで図書館で本を1冊借りてきてもらうことにした。その際、あなたは友人に対して、冒険小説、200ページ以内、日本語で書かれており、挿絵が豊富、という要求を出したと仮定する。これが要求仕様である。
　友人はさっそく図書館に行き、1冊の本を借りてきてくれた。本を受け取ったあなたは、要求仕様が満たされているかどうかを確認するはずだ。その本は、冒険小説であり、200ページ以内であり、日本語で書かれ、たくさんの挿絵が含まれていた。したがって、本の仕様に関する要求はすべて満たされていることを確認できた。これが検証である。
　一方、「本を読んでワクワクする時間を過ごしたい」という意図が満たされたかどうかは、実際にあなたが本を読んでみなければ判断できない。実際に本を読んだあなたは、まったくワクワクしなかったとしよう。この場合、友人が図書館で借りてきてくれた本は、あなたが出した要求仕様をすべて満たしていたものの、本を読んでワクワクする時間を過ごしたいというあなたの意図や期待は満たさなかったことになる。すなわち、妥当性は確認できなかったということである。仮に、友人が借りてきてくれた本が400ページの大作であったとしよう。あなたがその本を読んでワクワクしたとすれば、要求仕様は満たしていないものの、妥当性は確認できたといえる。
　システム開発においては、検証はできたが妥当性は確認できなかった (verified but not validated)、逆に、検証はうまくできなかったが妥当性は確認できた (not verified but validated) という状況が存在する。システムズ・エンジニアリングでは、システムの開発プロセスの初期段階から検証と妥当性確認の両方を組み込む。

[　付　　録　]
システム・シンキングを
用いた企業分析事例

　実際に企業でおこなわれた、システム・シンキングを活用したビジネス分析事例を紹介しよう。今回取り上げるのは、自動車関連企業TAU（Total Automobile Utilization）社のビジネス分析事例である。同社の社員とともにシステム・シンキングのワークショップをおこない、結果として作成された因果ループ図を再現した。実際にはより詳細な議論をおこなっているが、本書では一部を割愛し、簡略化した因果ループ図（図A1）、およびビジネスインパクトに対する考察を紹介する。システム・シンキングを社内に普及させると、このような戦略的分析が可能になるというイメージをつかんでほしい。

[事 業 概 要]

埼玉県に本社を置くTAU社は、売上高200億円（2015年度9月期）、従業員数402名（2015年9月末）の日本企業である。事故や故障、自然災害などにより損壊の発生した自動車（以下、損害車）を所有者から買い取り、オークションシステムを通じて再び国内外の市場に流通させる事業をおこなっている。

[課 題]

TAU社のビジネスモデルが社会に与える正・負の影響について、システム・シンキングを用いて多面的に評価しなさい。

[ヒ ン ト]

日本国内におけるTAU社のビジネスモデルの因果ループ、海外におけるビジネスモデルの因果ループに分けて考えてみよう。さらに、2つのループをつなぐ要素について考察してみよう。

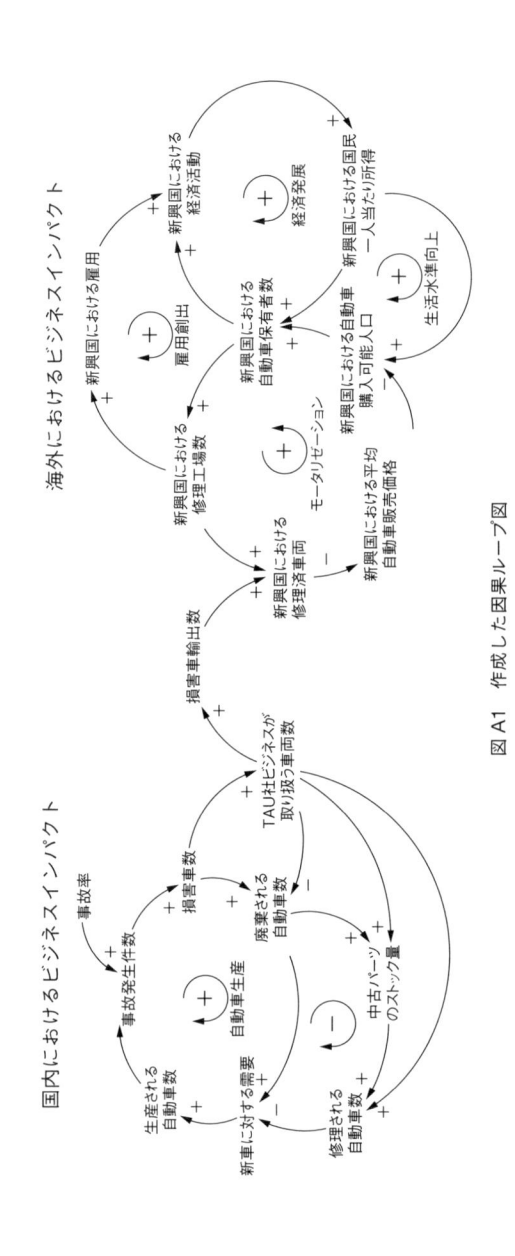

図 A1 作成した因果ループ図

国内におけるビジネスインパクトの考察

　通常、生産された自動車は顧客によって購入され、走行の用に供されるが、ある一定の確率で事故が発生し、損傷を受けた場合は損害車となる。損害車が増えると廃棄される自動車の数も増え、買替需要が発生することで新車に対する需要が増え、その結果、新たに生産される自動車数が増える、という正のフィードバックループが存在する。仮に、損害車を仲介するビジネスが存在しない場合、損害車はそのまま廃棄される可能性が高くなる。この場合、市場のニーズを満たす手段は新車の増産のみである。

　しかし、損害車数が増えて、それらをTAU社が取り扱うと仮定した場合、新たなフィードバックループがシステム内に出現する。まず、TAU社が仲介することで廃棄される自動車数が減少する。また、中古パーツのストック量が増加する。市場における中古パーツのストック量が増加することによって、自動車が損壊した際にはより高い確率、より低いコストで代替部品を入手可能となり、修理される自動車数の増加へとつながる。結果として、国内で修理され再販売される自動車数が増加する。これは、新車の需要に対しては負のフィードバックとして作用するが、自動車産業に関するエコシステム全体としては、大量生産・大量消費社会をバランスさせる力となりえる。

海外におけるビジネスインパクトの考察

　TAU社のビジネスが市場に存在することによって、損害車の輸出数が増える。とくに、新興国において修理済みの損害車が流通しやすくなる。新車にくらべ安価な損害車は、新興国における平均的な自動車販売価格を下げる効果を創出し、従来の新車販売価格であれば自動車を購入することができない中間所得層にも自動車購入の機会を提供する。その結果、新興国における自動車保有者数が増加する。自動車保有者数が増加するため、整備などのサービスを提供する修理工場が増え、損害車輸入量の増加に十分対応できるようになる。結果、新興国における修理済車両は増加する。この自動車社会の浸透を表した正のフィードバックループを「モータリゼーション」と呼ぶことにする。

また、修理工場の増加は、直接的に現地で雇用を創出し、人々に所得をもたらし、経済活動にとってプラスの作用が働く。この正のフィードバックループを「雇用創出」と呼ぶ。

　新興国における自動車保有者数増加は、人々の移動速度、移動頻度を増加させ、経済活動を活発化する。活発化した経済活動により国民一人あたりの所得は増加し、自動車の購入が可能な人口が増加する。これらが「経済発展」と名づけた正のフィードバックループである。

　また、一人あたりの所得水準が増加することに伴い、生活水準が向上する。生活のためには自動車を必要としない人々も、余暇や趣味のために自動車の購入を検討し始める。これは自動車購入可能人口の増加につながる。これが「生活水準向上」と名づけた正のフィードバックループである。

企業へのシステム・シンキング導入効果

　一般的なビジネスモデルの分析では、取引関係に着目してヒト・モノ・カネ・情報の流れを分析し、競争優位の要因を明らかにするアプローチをとることが多い。しかし、この分析手法では、ビジネスが有する社会的な側面や副次的効果までを分析することが困難である。システム・シンキングを企業に導入し、社員自身が因果ループ図を作成しながら、自社のビジネスモデルについて深く考察することを推奨する。企業の存在意義や貨幣換算しにくい事業価値も含めて、多面的に把握することが可能になるであろう。

第 1 章
習熟度確認テスト 解答

1 システムとは、複数の構成要素が相互作用しながら全体としてまとまった機能を果たすものである。

2 シャチハタ印鑑、コーヒーメーカー、腕時計

3 対象を構成要素に分解し、上位概念と下位概念の論理関係を、階層構造の図に整理して考える思考技法。

4 ロジックツリー、ピラミッドストラクチャー

5 構成要素に分解する際に、モレなくダブリなく分解するという大原則。

6 対象を複数の構成要素からシステムとしてとらえ、各要素がどのように相互に影響を与え合いながら、全体としてどのような機能を果たすのかを考える思考技法。

7 因果ループ図

8 システムのゴールの認識、システムの状態の認識、システムの遅れの認識

9 構造、遅れ、フィードバック

10 指数的成長、目標追求、振動、S字型成長、振動を伴う成長、成長と崩壊

11 振動を伴う成長

12	目標追求
13	S字型成長
14	成長と崩壊
15	振動
16	指数的成長
17	ある特定の振る舞いのパターンが観察された場合、そのデータが示す期間において支配的なフィードバック構造を推測できるから。

第 2 章
習熟度確認テスト 解答

1 原因と結果の関係性のこと。

2 共変性、時間的先行性、第3の因子の不存在

3 対象を変数という要素に分解し、変数間の因果関係を推定したうえで、その因果の連鎖関係からシステム内に含まれるフィードバック構造を可視的に分析するための図。

4 因果リンク、因果ループ

5 正の因果リンク、負の因果リンク

6 2変数が正の因果リンクであり、同じ方向に変化することを意味する。

7 2変数が負の因果リンクであり、逆方向に変化することを意味する。

8 2変数間に重大な時間的遅れが介在していることを意味する。

9 2変数に共通する第3の因子の存在によって、本来は相関関係にない2変数間に相関関係があるかのような振る舞いが観測されること。

10 自己強化型ループ、バランス型ループ

11 分析の時間軸、分析者の視点

12 自己強化型ループ
【解　説】　市場シェアが上がると顧客数が増えて、時間の経過とともに累積生産量は上がる（正の因果リンク）。累積生産量が上がると経験が蓄積されて、やがて生産単価が下がる（負の因果リンク）。生産単価が上がるとコスト要因となって、コスト競争力は下がる（負の因果リンク）。コスト競争力が上がると市場競争で優位に立ち、市場シェアが上がる（正の因果リンク）。よって、負の因果リンクが偶数個（2個）であるため、自己強化型ループである。

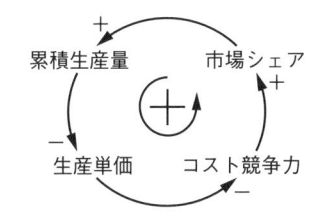

13 自己強化型ループとバランス型ループの組み合わせ
【解　説】　右側のループから考えよう。入園者数が増えると、収入が増える（正の因果リンク）。収入が増えると、アトラクションへの投資も増える（正の因果リンク）。アトラクションへの投資が増えると、アトラクションの魅力が増す（正の因果リンク）。アトラクションの魅力が増すと、入園者数は増える（正の因果リンク）。ループを構成するすべての因果リンクが正なので、自己強化型ループであると判断できる。
　　　　　　左側のループはどうだろうか。同じく入園者数からスタートしよう。入園者数が増えると、待ち時間が増えンの魅力は低下する（負の因果リンク）。アトラクショ

ンの魅力が低下すると、入園者数は減少する。ループ内（正の因果リンク）。これは、アトラクションの数は一定と考えるためである。待ち時間が増えると、アトラクショに負の因果リンクが奇数個（1個）存在するので、バランス型ループと判断できる。

アトラクションへの投資は、正しく実行されるならば入園者数の増加、さらには収入の増加に繋がることは容易に想像できる。一方で、入園者数が増加すれば、アトラクションでの平均的な待ち時間は増加し、入園者の不満が増加することも考えられる。入園者の不満が増加すれば、リピーターの数は減少し、やがて入園者数の減少となって再び問題が顕在化するであろう。したがって、投資をおこなう際には、アトラクションのみを改善するのではなく、待ち時間も含めた顧客体験のすべてを考慮して設計する必要がある。システムとして考えるとは、まさに全体を考慮することである。因果ループ図を活用することで、投資がもたらす意図しない結果についても分析することが可能になる。

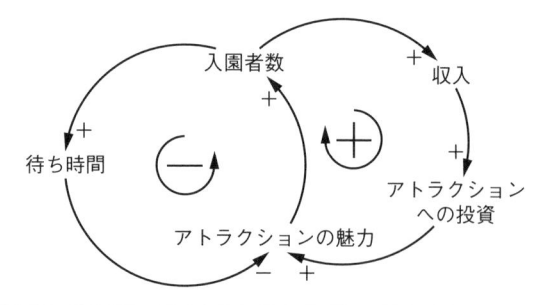

14 因果ループ図の作成者以外の者が、当該フィードバックループの性質を理解しやすくする効果が期待できるから。

15 正の因果リンク
【解　説】 部屋の数が増えれば家賃の相場は上がる。地区年数や品質、駅からの距離などの環境条件は一定として考える。

16 負の因果リンク
【解　説】 駅からの距離が長くなれば家賃の相場は下がる。部屋の間取りや品質は一定として考える。

17 負の因果リンク
【解　説】 価格が上がると市場シェアは落ちる。同種・同品質の２製品が販売されており、消費者は価格のみで購入の意思決定を下すと仮定すると、価格のより高い製品は敬遠され、市場シェアは低下すると考えられる。

18 正の因果リンク
【解　説】 アトラクションの魅力が上がればテーマパークの入園者数は増える。その他の条件は一定と考えるので、天候やチケット価格は影響しない。

19 負の因果リンク
【解　説】 リサイクル量が増えると廃棄する量は減る。資源循環の原則である。たとえば、ペットボトルのリサイクル活動が盛んな地域では、廃棄されるペットボトルの量は少ないはずである。

20 正の因果リンク
【解　説】 「リサイクル量」ではなく「リサイクル料」となっている点に注意してほしい。リサイクル料金が上がるとリサイクルに対するインセンティブが減少し、廃棄される量は増えると考えられる。したがって、正の因果リンクである。

お わ り に

　システム・シンキングとの出会いは、今からちょうど10年前、フランス・トゥールーズの大学院に在籍していた頃である。当時の筆者は航空システムに関する研究に従事していて、航空機が社会に与える影響を体系的に評価するモデルを構築したいと考えていた。航空機は単体でもシステムとしてとらえることができる。しかし、航空機を用いた航空輸送サービスは、航空機単体の性能だけでは評価することができない。空港施設や航空管制、さらには地上交通網といった複数のシステムが相互作用して成立する、大規模かつ複雑なシステムだからである。このように、単独でもシステムとして成立する構成要素が統合されて全体としてシステムを構成するものを、とくにSystem of Systems（SoS）と呼ぶ。SoSの評価については統一的な手法が存在せず、研究に行き詰まっていた筆者に当時の恩師であるGudmundsson教授が教えてくださったのが、システム・ダイナミクスであった。以来、私はこのマサチューセッツ工科大学（MIT）で生み出された学問領域に強い関心を抱き、その後も研究・教育を通じて学びを深めていくことになった。

　本書は、このシステム・ダイナミクスから派生して生まれたシステム・シンキングの基本的な考え方をわかりやすく解説し、ビジネスや社会問題の解決に応用できることを目的として執筆した。初学者が基本的な技法を無理なくマスターできるように、標準的な思考のプロセスに沿って解説するよう心がけた。練習問題や章末問題を配置したのは、読むだけで理解したつもりになるのではなく、実際に手と頭を動かしながら、システム・シンキングの効果を体感してほしいと考えたからである。また、システムのゴールとコントロールなど、思考技法の背後にある理論面も含めて解説したのは、知識だけに頼った小手先のテクニックに走るのではなく、システム・シンキングとい

う考え方の本質を理解してほしかったからである。

　本書の執筆にあたっては、多くの方からご支援・ご助言をいただいた。筆者が在籍する立命館大学大学院テクノロジー・マネジメント研究科の同僚教員、職員のみなさま、博士後期課程の竹岡紫陽さん、博士前期課程の岡井将記君、長岡寛君、中定佑輔君、中利弘君、永松大作君、畝翔也君、新宮匡洋さん、Yang Boさん、客員研究員の髙橋哲郎君、前任校である慶應義塾大学大学院システムデザイン・マネジメント研究科の教員・職員のみなさま、修士課程の宇佐美朝子さん、小野塚祐気君、楠聖伸君、水谷かおりさん、山谷匡史君、吉原早紀さん、寄玉昌宏君、そして、研究会に参加してくれた国際協力機構（JICA）の濱口勝匡君、森川結子さん、共同研究に参加したTAU社の方々、日本未来研究センターの山口薫理事長、すべてのみなさんにこの場を借りて感謝の気持ちを伝えたい。また、本書の編集に際し幾度も原稿を推敲し、適切なアドバイスをくださった講談社サイエンティフィクの渡邉拓氏に心より感謝を申し上げたい。みなさんからの手厚い支援と温かい励ましの言葉がなければ、私は決して本書を書き上げることができなかった。

　最後に、すべての読者に大切なメッセージを送りたい。私は、人間の記憶力には限界があるが、思考力には限界はないと思う。本書を用いて新しい思考技法をひとつ身につければ、それだけ自分の将来の可能性を広げることにつながる。不確実性が増加するこれからの時代、身につけるべきは新しい知識ではなく、新しい考え方そのものである。本書がそのひとつの選択肢となり、読者の人生に新たな展開と成功をもたらすと信じている。

2016年1月

湊　宣明

英 語 参 考 文 献 一 覧

Arango Aramburo, S., Castañeda Acevedo, J. A., & Olaya Morales, Y. (2012). Laboratory experiments in the system dynamics field. *System Dynamics Review*, **28**(1), 94-106.

Baghaei Lakeh, A., & Ghaffarzadegan, N. (2015). Does analytical thinking improve understanding of accumulation?. *System Dynamics Review*, **31**(1-2), 46-65.

Bass, F. (1969). A new product growth model for product diffusion. *Management Science*, **15**(5), 215-227.

Brundtland, G. ed. (1987). *Our common future: the world commission on environment and development*. Chapter 2. Oxford University Press.

Größler, A., & Strohhecker, J. (2012). Tangible stock/flow experiments-Addressing issues of naturalistic decision making. *Proceedings of the 30th International Conference of the System Dynamics Society*.

INCOSE (2010). Systems Engineering Handbook. Version 3.2. International Council of Systems Engineering, p. 362.

Lyneis, J. M. (2000). System dynamics for market forecasting and structural analysis. *System Dynamics Review*, **16**(1), 3.

Minato, N. and Morimoto, R. (2011). Designing the commercial sustainability of unprofitable regional airport using system dynamics analysis. *Research in Transport Business & Management*, **1**(1), 80-90.

Morimoto, R. (2010). Estimating the benefits of effectively and proactively maintaining infrastructure with the innovative Smart Infrastructure sensor system. *Socio-Economic Planning Sciences*, **44**(4), 247-257.

Sterman, J. (2000). *Business Dynamics: Systems Thinking and Modeling for a Complex World*. McGraw-Hill.

Yamaguchi, K. (2013). *Money and Macroeconomic Dynamics*. Japan Futures Research Center.

日 本 語 参 考 文 献 一 覧

G. ポリア，柿内賢信訳(1975)，『いかにして問題をとくか』，丸善.
ジョン・D・スターマン，枝廣淳子・小田理一郎訳(2009)，『システム思考——複雑な問題の解決技法』，東洋経済新報社.
ドネラ・H・メドウズ，枝廣淳子訳(2015)，『世界はシステムで動く——いま起きていることの本質をつかむ考え方』，英治出版.
ハーバート・A・サイモン，稲葉元吉・吉原英樹訳(1999)，『システムの科学 第3版』，パーソナルメディア.
ピーター・M・センゲ，枝廣淳子・小田理一郎・中小路佳代子訳(2011)，『学習する組織——システム思考で未来を創造する』，英治出版.
ピーター・M・センゲ，守部信之訳(1995)，『最強組織の法則——新時代のチームワークとは何か』，徳間書店.
ピーター・チェックランド，ジム・スクールズ，妹尾堅一郎監訳(1994)，『ソフト・システムズ方法論』，有斐閣.
西村行功(2004)，『システム・シンキング入門』，日本経済新聞社.
湊宣明(2015)，航空宇宙研究開発プロジェクトの社会経済価値評価モデル．システムダイナミックス学会誌，第13-14号，1-16.
山口薫(2015)，『公共貨幣——政府債務をゼロにする「現代版シカゴプラン」』，東洋経済新報社.
若田光一(2009)，『国際宇宙ステーションとはなにか——仕組みと宇宙飛行士の仕事』，講談社.

索 引

人名
オズボーン，アレックス
　（Alex Osborn）　81
スターマン，ジョン・D
　（John D. Sterman）　30
ダーウィン，チャールズ
　（Charles Darwin）　23
フォレスター，ジェイ
　（Jay Forrester）　13
ブザン，トニー（Tony Buzan）　88
ポリア，ジョージ（George Polya）　36

書籍・ソフトウェア名
（カッコ内は開発元・著者）
AnyLogic
　（The AnyLogic Company）　13, 144
Business Dynamics（スターマン）　30
Powersim
　（Powersim Software AS）　13, 144
Stella（isee systems）　13, 144
Vensim（Ventana Systems）　13, 144
Vensim PLE（Ventana Systems）　144

数字・欧字
5W1H法　76, 107
MECE（mutually exclusive and collectively exhaustive）　5
S字型成長（S-shaped growth）　32

あ
アウトフロー（outflow）　139
因果（causality）　43
　――の飛躍　61, 125
因果関係　10
　曖昧な――　51
因果分析　73, 90, 118
因果リンク　43
　正の――　46
　負の――　47
因果ループ　43
因果ループ図（causal loop diagram）
　2, 10, 45, 118, 122, 143
インフロー（inflow）　139
エスカレーション（escalation）　24
応急処置の失敗　25
遅れ　14, 16, 18, 29, 62

か
外乱　14
学習効果（learning effect）　51
可視化（visualization）　103
仮説構築　73, 94, 130
環境容量（carrying capacity）　32
関心事項（interest）　27, 78, 88, 115
疑似相関（spurious correlation）　44, 90
共変性　43
共有地の悲劇
　（tragedy of the commons）　18
クラウド（cloud）　141
グラフ（graph）　153
結果（event, result）　3, 43
結果系　121
原因（cause）　43
原因系　121

検証 (verification) 163
構造 (structure) 3, 21, 25, 29
効率性 135
ゴール (goal) 13, 18
コントロール (control) 13, 18, 20

さ
サブシステム 63
時間軸分析 73, 74
時間的先行性 44
自己強化型ループ
　(reinforcing loop) 53, 57
指数的減衰 (exponential decay) 31
指数的成長 (exponential growth) 30
システム (system) 1
　──の振る舞い 35
システム科学 23
システム工学 23
システム・シンキング
　(system thinking) 1
システム・ダイナミクス
　(system dynamics) 13, 137
持続可能性 (sustainability) 20, 22
シナリオ 152
シミュレーション 13, 137
収束系思考技法 85
進化型システム (evolable system) 23
シンク (sink) 142
振動 (oscillation) 32
振動を伴う成長
　(growth with overshoot) 34
信頼性 (reliability) 161

親和図法 (affinity diagram) 85, 113
垂直思考 88, 89
水平思考 88, 89
ステークホルダー
　(stakeholder) 22, 27, 78, 112, 115
ステークホルダーカード 87, 116
ステークホルダー分析 73, 78, 111
ストック (stock) 138
ストック・フロー図
　(stock and flow diagram) 137, 143
ストック変数
　(stock variable) 138, 147
スパゲティー化 104, 129
生態学 23
成長と崩壊 (growth and collapse) 34
静的な思考 12
正のフィードバックループ
　(positive feedback loop) 54
相互依存性 8
創造性 135
ソース (source) 142

た
第3の因子の不存在 44
妥当性 (validity) 161
妥当性確認 (validation) 163
抽象化 120
定量化 134
適応型システム (adoptive system) 23
デザイン・シンキング
　(design thinking) 136
動的な思考 12

181

トヨタ生産方式
　（Toyota production system）　135

は
バイアス（bias）　103
発散系思考技法　80, 85
バランス型ループ
　（balancing loop）　54, 57
バルブ（valve）　141
表（table）　153
氷山モデル　72
標準プロセス　96
ピラミッド構造（pyramid structure）　5
フィードバック
　（feedback）　10, 14, 16, 30
負のフィードバックループ
　（negative feedback loop）　54
振る舞い（behavior）　3
ブルントラント委員会　22
ブレインストーミング法
　（brainstorming）　81, 113
フロー（flow）　139
フロー変数（flow variable）　147
ベースライン（baseline）　157
ベースラインシナリオ
　（baseline scenario）　157
ベースラインシミュレーション
　（baseline simulation）　157
変数抽出　73, 88, 115
補助変数（auxiliary variable）　148, 149

ま
マインドマップ法（mindmaping）　88
マルチループシステム　58, 128
メンタルモデル（mental model）　103
目標追求（goal seeking）　31
モデリング　137
問題解決　71
問題定義　71, 105

や
要求（requirement）　72

ら
利害関係者　→　ステークホルダー
レイト変数（rate variable）　147
レファレンスモード
　（reference mode）　76, 107, 108
レベル変数（level variable）　147
ロジカル・シンキング
　（logical thinking）　4
ロジックツリー（logic tree）　5
論理思考　→　ロジカル・シンキング

著者紹介

湊 宣明（みなと のぶあき）　博士（システムエンジニアリング学）・Aerospace MBA
2007 年　仏 Ecloe Superieure de Commerce de Toulouse 修了（首席）
現　在　立命館大学 大学院テクノロジー・マネジメント研究科
　　　　教授

NDC336.1　　190p　　21cm

実践システム・シンキング
論理思考を超える問題解決のスキル

2016 年 3 月 24 日　第 1 刷発行
2025 年 10 月 17 日　第 7 刷発行

著　者	湊 宣明（みなと のぶあき）
発行者	篠木和久
発行所	株式会社 講談社
	〒112-8001　東京都文京区音羽 2-12-21
	販　売　(03) 5395-5817
	業　務　(03) 5395-3515
編　集	株式会社 講談社サイエンティフィク
	代表　堀越俊一
	〒162-0825　東京都新宿区神楽坂 2-14　ノービィビル
	編　集　(03) 3235-3701
ブックデザイン	谷口　博俊（next door design）
本文イラスト	須山奈津希
本文データ制作	美研プリンティング 株式会社
印刷所	株式会社 平河工業社
製本所	大口製本印刷 株式会社

KODANSHA

落丁本・乱丁本は、購入書店名を明記のうえ、講談社業務宛にお送りください。送料小社負担にてお取替えいたします。なお、この本の内容についてのお問い合わせは、講談社サイエンティフィク宛にお願いいたします。定価はカバーに表示してあります。

© Nobuaki Minato, 2016

本書のコピー、スキャン、デジタル化等の無断複製は著作権法上での例外を除き禁じられています。本書を代行業者等の第三者に依頼してスキャンやデジタル化することはたとえ個人や家庭内の利用でも著作権法違反です。

Printed in Japan
ISBN 978-4-06-157305-5